Werner Trutwin (Hg.)

Zeichen der Hoffnung

Arbeitsheft 9./10. Schuljahr

von Christoph Menn-Hilger

Vorname und Name: Engels

Klasse:

Schule:

Patmos

Inhalt

Abbildungen/Texte: 2 Mauritius, Mittenwald. **7** Foto: Quelle unbekannt. **8** www.alma.se **9** Erich Fried, Was es ist, aus: Es ist was es ist, © Verlag Klaus Wagenbach, Berlin 1983. Foto: www.erichfried.de **25** Jo Krummacher, aus: Heinrich Albertz (Hg.), Die Zehn Gebote, Bd. 10, © 1988 Radius Verlag, Alexanderstr. 162, 70180 Stuttgart. **28** Nach Friedrich-Wilhelm Marquardt, Was wir von Jesus wissen, in: Publik-Forum 6/1992. **43** Westminster Abbey, London. **48** „Ich horche auf seine Stimme ...“ (Was Jesus zum siebten Gebot sagt), aus: Jörg Zink, Neue Zehn Gebote, © Kreuz Verlag, Stuttgart 1995. Foto: Martin Stollberg, Stuttgart.
Auflage 4 3 2 1/12 11 10 09
ISBN 978-3-491-75738-7
www.patmos.de

Liebe Schülerinnen und Schüler!

Schön, dass ihr euch entschlossen habt, auch in den Klassen 9 und 10 dem Fach „Katholische Religionslehre“ treu zu bleiben – das ist nicht selbstverständlich und das wissen wir.

Im vergangenen Jahr haben Gleichaltrige von euch die Frage, **warum sie am Religionsunterricht teilnehmen,** so beantwortet:

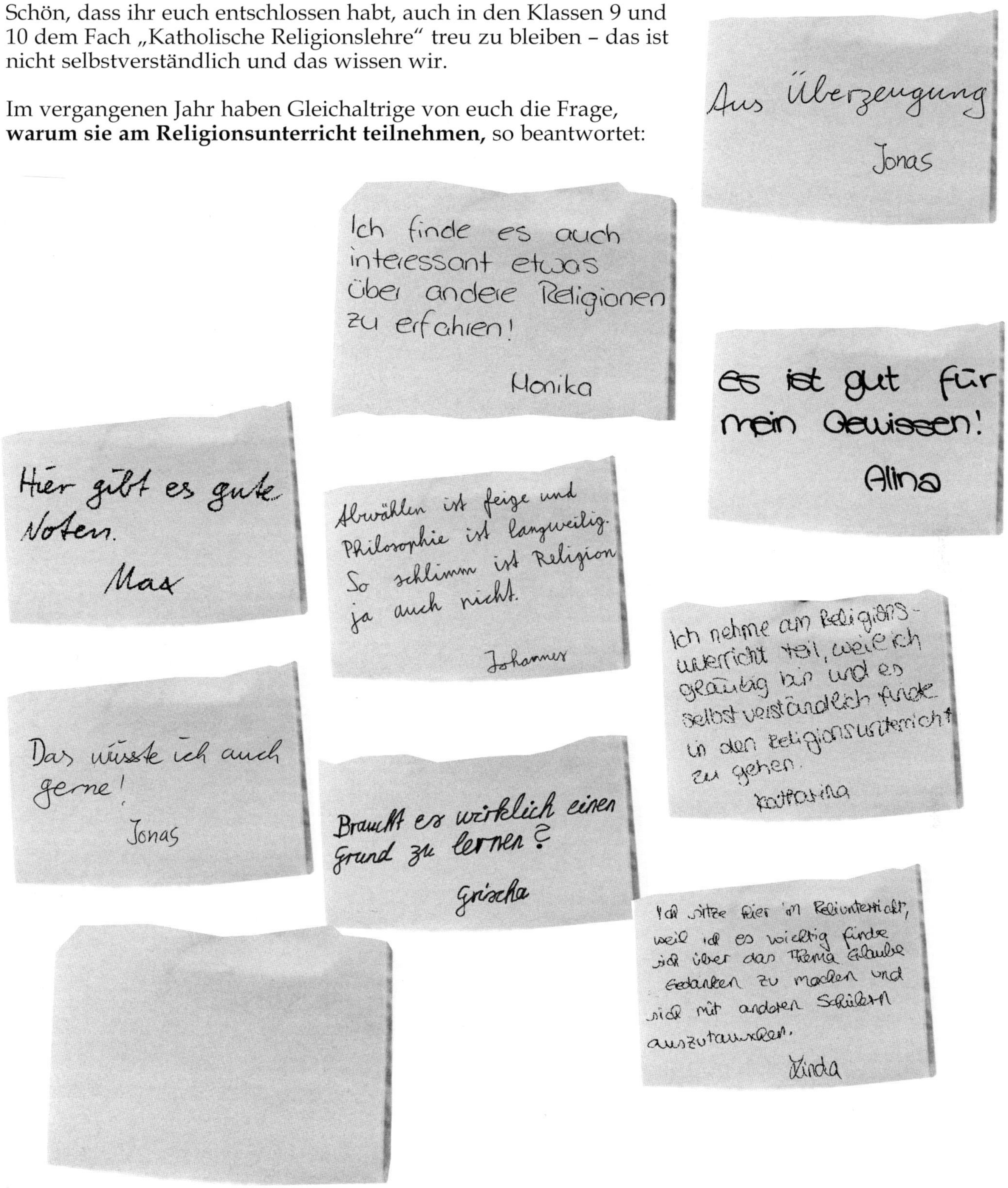

Ein Zettel ist leer – vielleicht mögt auch ihr zum Einstieg eure persönlichen Beweggründe aufschreiben und in der Klasse darüber sprechen. Auf jeden Fall wünschen wir euch viel Freude mit diesem Arbeitsheft.

Euer

Ein Lebenselixier (I)

Hoffnung ist ein wichtiges Lebenselixier, also eine stärkende Lebenskraft.

„Elixier“, griech.: Heil-, Zaubertrank

1 Finde weitere Lebenselixiere – zwei sind bereits angegeben – und trage sie in die Merkzettel ein. Gib auch Erläuterungen an.

Hoffnung

* auf Zukunft bezogen, macht frei (vorwärts träumen)
* Erwartung, dass das Kommende gut ist
* kann glücklich machen

Vertrauen

*
*
*

*
*
*

LEBENSELIXIER

Liebe

*
*
*

*
*
*

*
*
*

2 Tragt in der Klasse eure Lebenselixiere zusammen, erstellt ein Ranking und diskutiert das Ergebnis.

1 Liebe

2 Vertrauen

3 Hoffnung

4

3 „Was Erwachsene oft Jugendlichen sagen“ (→ ZdH S. 7 oben) macht nicht gerade Hoffnung. Aber was könnten die Lebenselixiere Hoffnung, Vertrauen, Liebe dagegen halten? Vervollständige soweit möglich die Tabelle. Finde und formuliere dazu auch ein eigenes achtes Beispiel. Was hältst du von den zwei bereits eingetragenen Schüleräußerungen? Du kannst diese auch „korrigieren“.

Beispiel	... die Hoffnung spricht dagegen:	... das Vertrauen spricht dagegen:	... die Liebe spricht dagegen:
1) **Arbeitslosigkeit** „Eure Chance auf ...”		Ich vertraue darauf, dass ich eine Arbeit finden werde, weil ich an mich glaube.	
2) **Krankheiten** „Wenn ihr dreißig seid ...”	Und wenn das so wäre, hoffe ich, dass ich dann nicht allein bin.		
3) **Umweltverschmutzung** „Ihr werdet kein ...”			
4) **Immigration** „In naher Zukunft werden ...”			
5) **Diktaturen** „Die großen Katastrophen der Welt werden ...”			
6) **Terrorismus** „Der Terrorismus wird ...”			
7) **Gentechnik** „Die Gentechnik wird ...”			
8) ______ „______ ______”			

4 Besprecht die ausgefüllten Tabellen in der Klasse und geht dabei der Frage nach, ob auf diese Weise die Tauglichkeit der drei vorgegebenen Lebenselixiere getestet werden kann. Vergleicht eure Ergebnisse auch mit dem Klassenranking aus **2**.

Ein Lebenselixier (II)

In der Bibel, einem Buch das Hoffnung machen will (→ ZdH S. 7 unten), heißt es:

„Glaube aber ist: Feststehen in dem, was man hofft, Überzeugtsein von Dingen, die man nicht sieht.“ *(Hebr 11,1)*

Der Verfasser des Briefes an die Hebräer, aus dem dieser Vers stammt, gibt zahlreiche Beispiele an, um seine Aussage zu untermauern.

1 Lies den biblischen Vers (Hebr 11,1) im Zusammenhang (Hebr 11,1-40) und ergänze **drei Beispiele deiner Wahl.** Schlage anschließend die entsprechenden Situationen in der Bibel nach und fasse sie mit eigenen Worten zusammen.

Tipp: Im Anhang der Bibel kannst du über die Namen die passenden Bibelstellen herausfinden.

Aufgrund des Glaubens ...	
Hebr 11,3	*Hebr 11,4*
Hebr 11,5	*Hebr 11,7*
Hebr 11,8	*Hebr 11,9-10*
Hebr 11,11-12	*Hebr 11,17-19*
Hebr 11,20	*Hebr 11,21*
Hebr 11,22	*Hebr 11,23*
Hebr 11,24-26	*Hebr 11,27*
Hebr 11,28	*Hebr 11,29*
Hebr 11,30	*Hebr 11,31*

Aufgrund des Glaubens ______________________________

Zusammenfassung: ______________________________

____

Aufgrund des Glaubens ______________________________

Zusammenfassung: ______________________________

____

Aufgrund des Glaubens ______________________________

Zusammenfassung: ______________________________

____

2 **(a)** Wie bewertest du die Beispiele des biblischen Autors? Können sie dich fast 2000 Jahre später noch überzeugen? Begründe deine Meinung.

____

____

(b) Kannst du ein eigenes Beispiel aus deinem Lebensalltag nennen?

Aufgrund des Glaubens ______________________________

Erläuterung: ______________________________

____

Am Ende des Kapitels „Ein Lebenselixier" findest du ein Bild des belgischen Malers **René Magritte** (1898-1967) mit dem Titel **„Das perfekte Abbild"** (→ ZdH S. 8). René Magritte ist einer der bedeutendsten Vertreter des **„Surrealismus"**. Das Bild wurde 1928 mit Ölfarben gemalt und ist im Original 54 x 73 cm groß.

René Magritte

Surrealismus: Eine um 1920 in Paris entstandene Kunstbewegung, die angestoßen von den Erkenntnissen Sigmund Freuds (Begründer der Psychoanalyse) das Unwirkliche und Traumhafte der Gesellschaft sowie die Tiefen des Unbewussten auszuloten und darzustellen versucht.

1 Was ist auf dem Bild dargestellt? Beschreibe in Stichworten.

___

___

2 Wie interpretierst du das Bild? Bedenke auch den Bildtitel.

___

___

___

___

3 Dieses Bild in einem Kapitel zum Thema „Hoffnung"? Passt das? Begründe deine Meinung.

___

___

___

___

4 Gibt es von dir ein (perfektes) Abbild? Wie sähe es aus? Zeichne, skizziere oder schreibe deine Gedanken in den Bilderrahmen.

Gibt es im Leben mehr als alles?

Maurice Sendak

Maurice Sendak, ein Schriftsteller jüdischer Herkunft, der 1928 in Polen geboren wurde, in den USA aufwuchs und seither dort lebt und arbeitet, gilt als einer der bekanntesten Kinderbuchautoren der Gegenwart. Sein Gesamtwerk umfasst mittlerweile über 100 Bücher. Das US-amerikanische Nachrichtenmagazin „Time" nannte ihn bereits vor über 40 Jahren den „Picasso der Kinder".

Sendak hat einmal gesagt:
„Es sollte mehr ernsthafte Bücher für Kinder geben. Es ist erniedrigend für ein Kind, wenn man so schreibt wie für einen Idioten. Ich glaube, man kann alles für Kinder schreiben, viel freier als für Erwachsene, denen man zu viele Lügen erzählen muss."

Zu der Frage „Gibt es im Leben mehr als alles?" hat er eine interessante Erzählung verfasst ...

1 Lies die Erzählung **„Mehr als alles"** (→ ZdH S. 10) und diskutiere sie mit deiner Nachbarin / deinem Nachbarn. Notiere dir dabei Stichworte.

2 Schreibe Jennie nun einen Brief. Nimm dabei auch Stellung zu der Überschrift. Gibt es mehr als alles?

Das folgende Gedicht stammt von dem jüdischen Schriftsteller **Erich Fried** (1921–1988).

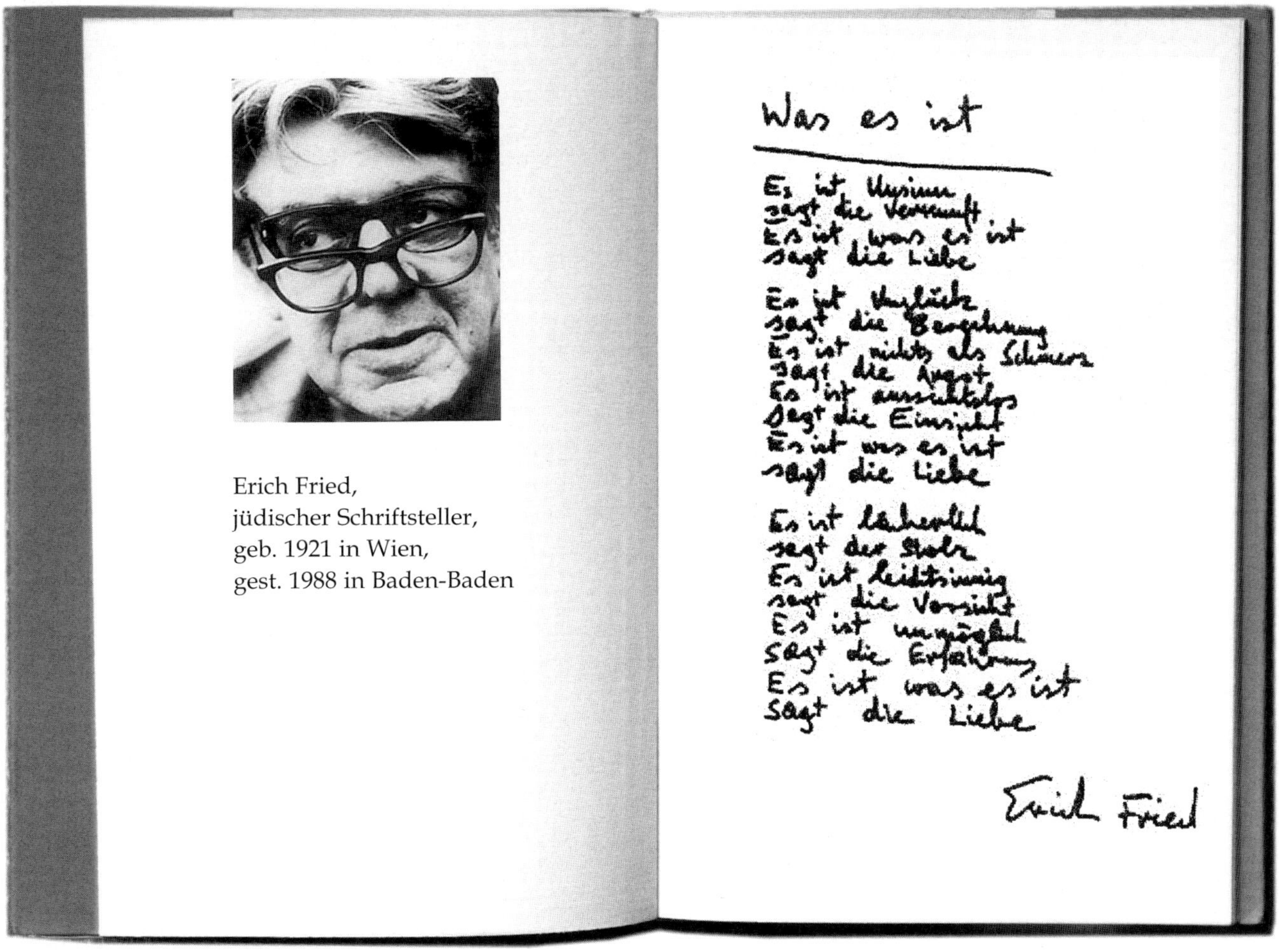

3 Was denkst du über dieses Gedicht? Welche Situationen oder Erfahrungen können unsinnig / unglücklich / aussichtslos / lächerlich / leichtsinnig / unmöglich sein, von denen die Liebe sagt „Es ist, was es ist“?

4 Hat das Gedicht Berührungspunkte mit der Erzählung „Mehr als alles“?

9

Ein hoffnungsvoller Christ

Martin Luther King

Rassentrennung

Dr. Martin Luther King, geboren 1929 in Atlanta (Georgia) als Sohn eines baptistischen Pastors wurde bereits mit 17 Jahren auch **Baptistenpfarrer**. Schon früh kam er mit den Werken des indischen Freiheitskämpfers Mahatma Gandhi in Berührung, von dessen Ideen des gewaltfreien Widerstandes er begeistert war.
Nachdem er 1954 in einer Gemeinde in Montgomery (Alabama) die Ernennung als Pastor angenommen hatte, organisierte er ein Jahr später einen **Bus-Boykott**, um gegen die Rassentrennung in öffentlichen Verkehrsmitteln zu demonstrieren. Martin Luther King wurde verhaftet, seine Familie bedroht und sein Haus bei einem Anschlag zerstört. Der Bus-Boykott endete damit, dass das Bundesgericht entschied, die Rassentrennung in öffentlichen Verkehrsmitteln der Stadt zu verbieten. Ein Höhepunkt in der Lebensgeschichte Martin Luther Kings und der Bürgerrechtsbewegung war der **„Marsch auf Washington"** am 28. August 1963. Mehr als 200.000 Schwarze und Weiße marschierten gemeinsam in die Hauptstadt, um vor dem Denkmal Abrahm Lincolns friedlich zu demonstrieren. Eine seiner berühmtesten Reden (**„I have a dream"**) hielt er dort.
1964 erhielt Martin Luther King für sein Engagement gegen die Rassentrennung in den USA den **Friedensnobelpreis**. Am 4. April 1968 wurde er **von einem weißen Attentäter** in Memphis (Tennessee) **erschossen**.

"I have a dream"

I have a dream that one day this nation will rise up and live out the true meaning of its creed: 'We hold these truths to be self-evident: that all men are created equal.'

I have a dream that one day on the red hills of Georgia the sons of former slaves and the sons of former slave owners will be able to sit down together at a table of brotherhood.

I have a dream that one day even the state of Mississippi, a desert state, sweltering with the heat of injustice and oppression, will be transformed into an oasis of freedom and justice.

I have a dream that my four children will one day live in a nation where they will not be judged by the colour of their skin but by the content of their character.

I have a dream today ...

1 Übersetzt in Gruppen Martin Luther Kings „Traum" ins Deutsche.
Wovon träumt King? Fasst zusammen. Benutzt auch vergleichend und zur Ergänzung den Auszug aus dem Buch (→ ZdH S. 15).

Thesen von Martin Luther King über Jesus

- ◯ „Gott will nicht, dass ein Volk in Überfluss und Reichtum lebt, während andere nur die Armut kennen. Er hat für alle genug auf der Welt wachsen lassen."
- ◯ „Niemals hat Jesus sich scharf gegen den Reichtum ausgesprochen. Er verurteilte nur seinen Missbrauch. Wie jede andere Macht, so kann auch das Geld zum Guten und zum Bösen dienen."
- ◯ „Vielen Christen bedeutet das Christentum eine Sonntagsbeschäftigung, die schon am Montag vergessen ist."
- ◯ „Eine Stimme klingt durch die Jahrhunderte und ruft jedem unbeherrschten Petrus zu: ‚Steck dein Schwert in die Scheide!' Die Geschichte zeugt vom ständigen Schiffbruch der Völker, die diesem Befehl Christi nicht folgten."
- ◯ „Gewalt bringt vergängliche Siege; Gewalt hat mehr soziale Probleme zur Folge, als sie löst, und schafft niemals einen dauerhaften Frieden."

2 Welche Thesen vertritt King über Jesus? Bezieht dazu Stellung.

____

____

____

3 Hatte Jesus auch einen Traum? Versucht ihn aufzuschreiben.
(Hilfsmittel: Bibel; Tipp: „Die Seligpreisungen" Mt 5,3-12; → ZdH S. 65)

____

____

____

4 Welche Gemeinsamkeiten / Unterschiede zeigen die zwei „Träume"?
Notiert in Stichworten.

____

____

____

5 Hast du auch einen (Welt-)Traum? Schreibe ihn auf.

„Ich habe einen Traum"

____

____

____

____

Verwirrend, widersprüchlich, uneinheitlich

Im Buch findest du **zwei Provokationen** (→ ZdH S. 17): Die eine stammt von einem Buchautor, der Vorwürfe der Jugend gegen die „Alten" auflistet (Provokation Nummer 1), die andere von einer Journalistin und Mutter von zwei Kindern, die mit heftigen Worten die momentane Kinder- und Jugendgeneration kritisiert (Provokation Nummer 2).

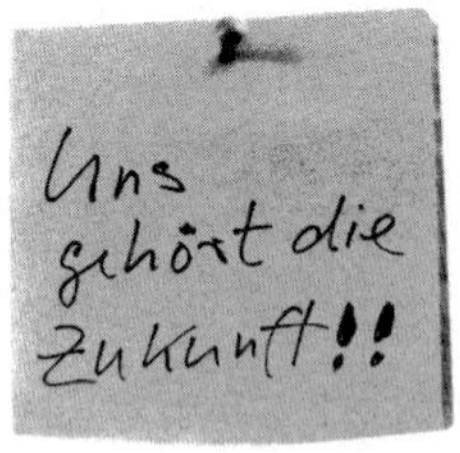

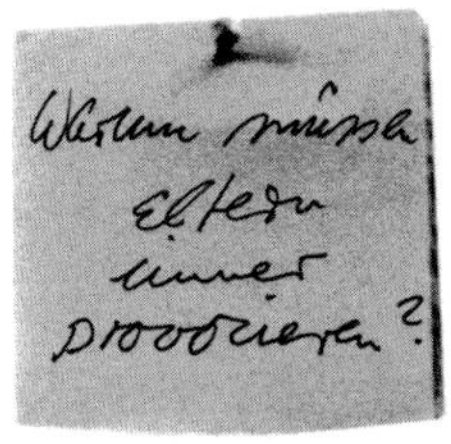

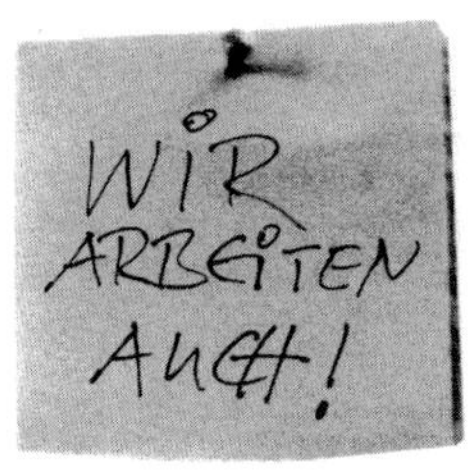

1 Nimm zu der „Provokation Nummer 2" persönlich Stellung. Geh dabei auf die einzelnen Vorwürfe ein.

____

____

____

____

2 Schreibe eine eigene Provokation im Sinne von „Nummer 1".

„Ihr Alten habt gut reden ______________________

____

____

____

____

3 Viele Vorwürfe gegenüber der heutigen Jugend sind sicherlich überzogen oder sogar gänzlich unberechtigt, andere treffen aber gewiss auch zu, wenn man ehrlich darüber nachdenkt.
Erstelle eine Liste mit fünf gängigen Vorwürfen gegenüber der heutigen Jugend. Kreuze an, ob der Vorwurf zutrifft, teilweise zutrifft oder nicht zutrifft und nimm persönlich dazu Stellung

Nr.	Vorwurf	*trifft zu*	*trifft teilweise zu*	*trifft nicht zu*	Stellungnahme
1	„______________ ______________"	☐	☐	☐	
2	„______________ ______________"	☐	☐	☐	
3	„______________ ______________"	☐	☐	☐	
4	„______________ ______________"	☐	☐	☐	
5	„______________ ______________"	☐	☐	☐	

4 Finde weitere „Sätze zum Nachdenken“ (→ ZdH S. 18 Aufgabe 6) und notiere deine Gedanken:

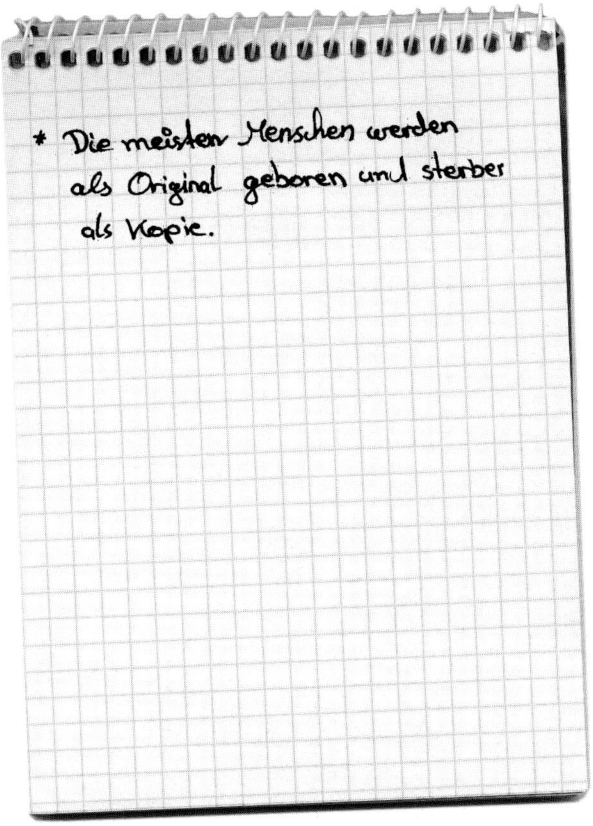

Kurzprojekt
Meine Musik – Hoffnungen und Ängste, Sehnsüchte und Träume

1 Bildet Gruppen (2-5 Personen) und einigt euch auf eine Musikrichtung / eine Musikgruppe / eine Sängerin / einen Sänger, mit der / dem ihr euch beschäftigen möchtet.

2 Recherchiert zu eurem gewählten Thema in Zeitschriften und im Internet.

3 Erstellt nun ein Lernplakat mit Fotos, Daten, Hintergrundinformationen, bekannten Songs usw.

4 Welche Hoffnungen und Ängste, Sehnsüchte und Träume finden in dieser Musik vor allem ihren Ausdruck? Verfasst eine kurze Abhandlung zu dieser Frage (ca. 3/4 DIN A4) und integriert euren Text in das Lernplakat. Wählt dazu ggf. einen Song aus.

5 Stellt eure Lernplakate in der Klasse vor (mit Musikbeispielen)

Ansichten einer Jugend ZdH S. 19-21

Fünf Grundbegriffe heutiger Lebensphilosophie

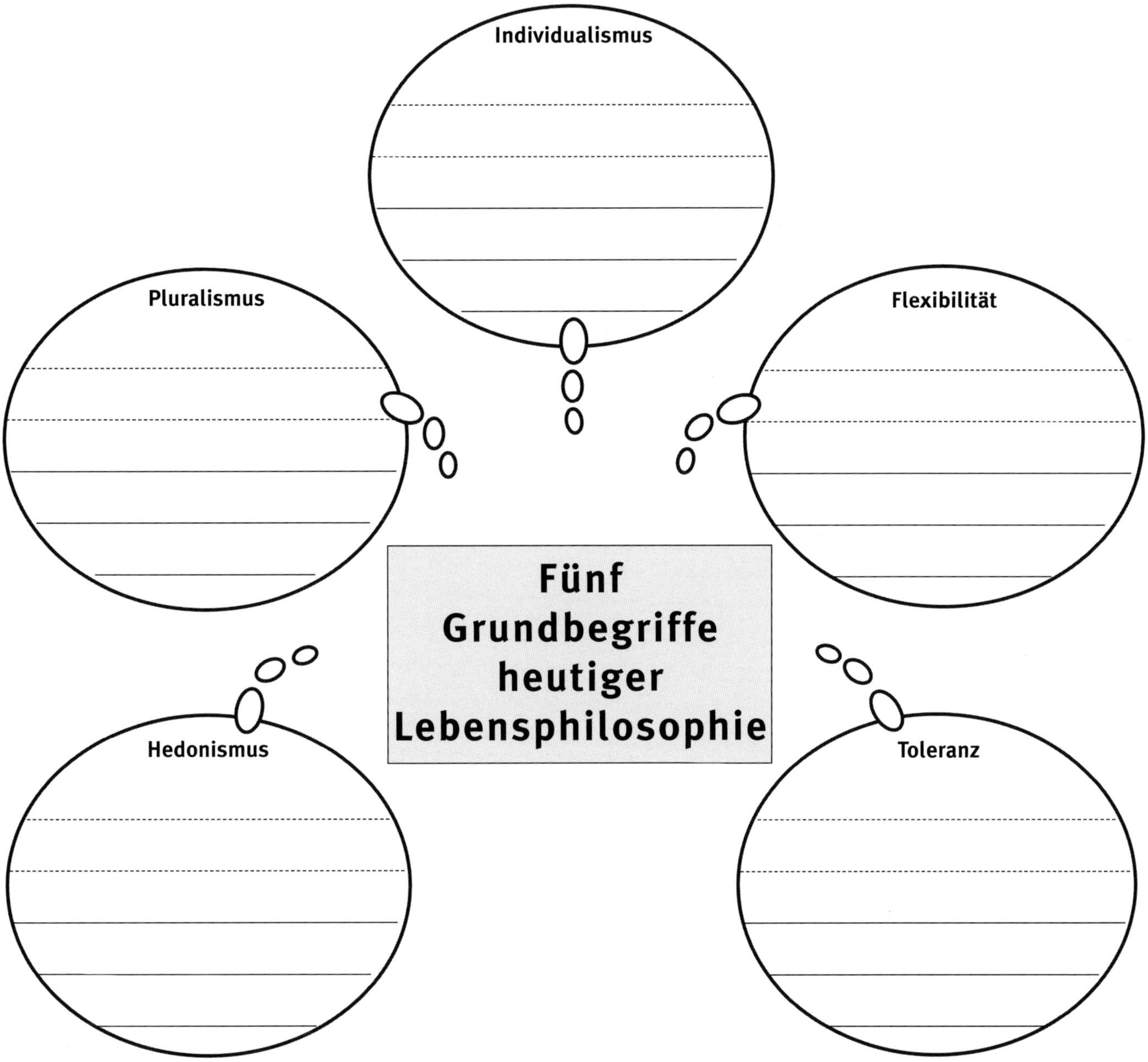

1 Formuliere Kurzdefinitionen für die fünf Grundbegriffe heutiger Lebensphilosophie (→ ZdH S. 26) und trage sie in die entsprechende Denkblase ein (......).

2 Wie steht der christliche Glaube zu diesen Einstellungen? Diskutiere diese Frage mit deiner Nachbarin / deinem Nachbarn und tragt anschließend eure Vermutungen möglichst mit Erläuterungen bzw. Begründungen ein (______).

3 Denke über deine eigene persönliche Lebensphilosophie nach. Lässt sie sich mit einem der fünf genannten Begriffe beschreiben oder ist sie eher ein Mix aus verschiedenen bzw. ganz anderer Natur?

4 Entwirf einen Cartoon zum Thema „Lebensphilosophie“. Zeichne dazu vier oder mehr Rahmen der Größe 6cm x 6cm in dein Heft und fülle sie mit Skizzen oder Zeichnungen. Du kannst auch Sprechblasen hinzufügen.

Die **Frage, was ein sinnvolles Leben ist**, stellt sich die Menschheit seit vielen tausend Jahren (→ ZdH S. 27). Wer eine Antwort sucht, muss sich auf den Weg machen („Sinn" von althochdeutsch „sinan" = „auf dem Weg sein").

1 Entwirf eine Mindmap zu der Frage „Was ist ein sinnvolles Leben?". An den Rändern findest du Begriffe zur Anregung oder Hilfe.

Eine **Mindmap** (engl. = „Wissenslandkarte") ist eine grafische Darstellung, die Beziehungen zwischen verschiedenen Begriffen aufzeigt. Im Gegensatz zu einem Brainstorming, bei dem es um das Hervorbringen von Assoziationen, also in der Regel unsortierter Begriffe geht, sollte bei einer Mindmap von Beginn an eine vernetzte Struktur erzeugt werden.
Bei einer Mindmap beginnst du damit, das zu bearbeitende Thema in der Mitte des Blattes in einer „Wolke" möglichst genau zu formulieren. Von dort aus entwickelst du Äste (für die Hauptbegriffe) und Zweige (für die Unterbegriffe), sodass nach und nach eine Landkarte deines Wissens entsteht. Zusammenhänge und Abhängigkeiten zwischen deinen Begriffen / Hinweisen solltest du zusätzlich durch Pfeile aufzeigen. Als letzten Arbeitsschritt kannst du zur Verdeutli-

Abenteuer
anders sein
Anerkennung genießen
Ansehen
Antworten finden
Arbeit haben
Ausgeglichenheit
B bedeutsam sein
E eigenes Haus
Ekstase
Elite
Erfolg
erfülltes Leben
Familie
Fantasie
Flexibilität
Freiheit
Freizeit
Freude
Freunde
Frieden
Fun
Geborgenheit
gebraucht werden
Geld
geliebt werden
Gerechtigkeit schaffen
Gesundheit
Glaube
Glück
Gott
Grundbedürfnisse erfüllen
gut sein
H heiraten
helfen
hohes Lebensalter
Ideen
im Einklang mit der Natur leben
Image
Kinder
konsumieren
Kunst
Leiden erfahren
Leistung
Liebe / lieben
Lust
Luxus

2 Vergleiche deine Antworten auf die Sinnfrage mit denen aus der Bibel (→ ZdH S. 29 „Sinnbilder der Bibel“). Was beobachtest du?

chung Symbole und kleine Zeichnungen hinzufügen.
Es ist hilfreich, in drei Schritten vorzugehen:

1) Sammle zunächst Ideen, Begriffe, die zum Thema passen.
2) Versuche, diese Begriffe in ein Schema mit Ästen und Zweigen einzutragen.
3) Zeichne deine ersten Versuche auf Schmierpapier und abschließend deine fertige Wissenslandkarte in dieses Arbeitsheft.

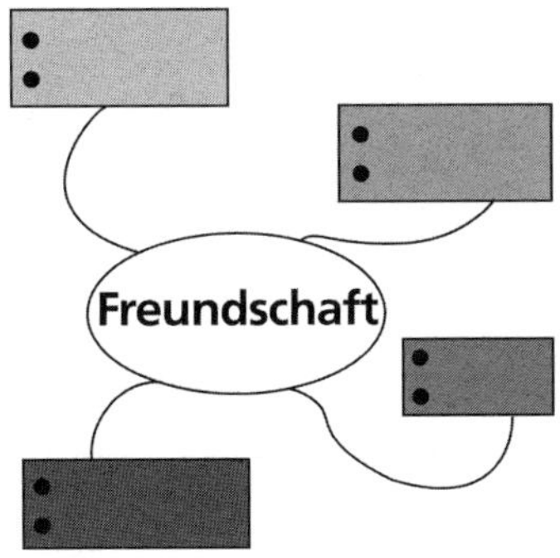

Menschenfreund
mit sich im Reinen sein
Moral
Musik
Nachdenken
Nachfolge Jesu
Nächstenliebe
nichts tun
Niederlagen verkraften
Ordnung
Partnerschaft
Party
Reisen
Rückhalt
Rücksicht
Ruhe
Selbstfindung
Selbstverwirklichung
Sex
shoppen
Sicherheit
sozial sein
Spaß
Spontaneität
Sport
suchen und fragen
Tod akzeptieren
Tod hinausschieben
Traumberuf
Umwelt schützen
Unabhängigkeit
unvergesslich bleiben
Vertrauen
viel schaffen
Vorbild sein
Weg ist das Ziel
Weisheit
Wissen
Zeit haben
Zivilcourage
Zufriedenheit
Zuverlässigkeit

Analysiere zusammen mit deiner Nachbarin / deinem Nachbarn das Bild ***„Der Tanz des Lebens“ von Edvard Munch (→ ZdH S. 32)****.*
Beantwortet dazu vier der fünf ***„Fragen an ein Bild“ (→ ZdH S. 165)****.*
Tipp: *Lest und diskutiert zunächst die Erläuterungen im Buch zu den „Fragen an ein Bild“ (→ ZdH S. 165) sowie die bereits eingetragenen Hinweise zu Frage (4).*

1 „Was ist dargestellt?“

- ______________________
- ______________________
- ______________________
- ______________________
- ______________________

Bilda
Edward Munch: „D

2 „Wie ist das Bild gemalt?“

- ______________________
- ______________________
- ______________________
- ______________________
- ______________________

3 „Welche Bedeutung haben die Bildthemen?“

- ______________________
- ______________________
- ______________________
- ______________________
- ______________________

e
ız des Lebens"

4 „Wer hat das Bild gemalt?"

- Edvard Munch wurde 1863 im norwegischen Loten geboren und wuchs in der Hauptstadt Oslo auf.
- Sein Vater Christian war ein tief religiöser Militärarzt mit bescheidenem Einkommen, seine Mutter Laura Catherine eine um 20 Jahre jüngere Kaufmannstochter.
- Edvards Mutter starb an Tuberkulose als er erst fünf Jahre alt war.
- Edvards ältere Schwester Sophie, seine Lieblingsschwester, wurde ebenfalls Opfer der Tuberkulose.
- Edvards jüngere Schwester Laura litt an starken Depressionen und musste ärztlich behandelt werden.
- Von Edvards fünf Geschwistern heiratete nur sein Bruder Andreas, der aber auch wenige Monate nach der Hochzeit verstarb.
- Edvard Munch begann seine künstlerische Ausbildung in Oslo, zog später nach Berlin und Paris und kehrte schließlich nach Norwegen zurück.
- Mehrere Jahre war Munch aufgrund einer Augenkrankheit arbeitsunfähig. Er hatte insgesamt eine schwache Gesundheit.
- Die Nationalsozialisten diffamierten Munchs Arbeiten als „entartete Kunst" und beschlagnahmten 1937 einen Großteil seiner Werke aus deutschen Sammlungen.
- Edvard Munch starb 1944 in der Nähe von Oslo.
- Das Bild „Der Tanz des Lebens" (1899/1900) fertigte Munch nach einer längeren Krankheit mit anschließen dem Sanatoriumsaufenthalt (vermutlich wegen Alkoholismus) an. Es hat von allen Bildern das größte Format und stellt auch inhaltlich einen Höhepunkt dar.
- Die Eindrücke von Krankheit, Tod und Trauer bestimmten hauptsächlich Munchs Werke.

5 „Welche Wirkung übt das Bild auf den Betrachter aus?

- ______________________________
  ____
- ______________________________
  ____
- ______________________________
  ____
- ______________________________
  ____
- ______________________________
  ____

Was sind Mythen?

- ✔ *Mythen* sind Sinngeschichten, die Sinnfragen stellen und Antworten darauf versuchen.
- ✔ *Mythen* erzählen in der Sprache der Bilder und Symbole von ungewöhnlichen Geschehnissen, die sich in Urzeiten zugetragen haben und die Lebenswelt bestimmen.
- ✔ *Mythen* sprechen zumeist vom Ursprung und Ziel der Welt, der Götter und derMenschen.
- ✔ *Mythen* handeln oft von dem, was niemals war und immer ist.
- ✔ *Mythen* beinhalten häufig **„Ätiologien“** (griech. = „Lehre von den Ursachen“); sie sind also auch Erklärungsgeschichten, die anknüpfend an den Erfahrungen der Menschen Erklärungen für den „Ist-Zustand“ geben.

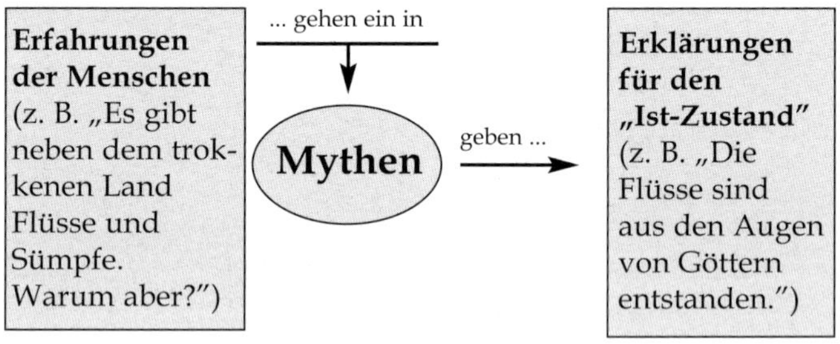

1 Untersuche die „Mythen über den Anfang von Welt und Mensch“ (→ ZdH S. 34-35) auf darin enthaltene Ätiologien. Welche Erfahrungen der Menschen sind in die Mythen jeweils eingegangen? Welche Erklärungen können die Mythen für den „Ist-Zustand“ geben?

Mythen über den Anfang von Welt und Mensch ...	**Erfahrungen**	**Erklärungen**
der Babylonier		
der Ägypter		
der Griechen		
der Germanen		

2 Tue dies auch für die **zwei Schöpfungstexte** am Anfang der **Bibel.** Lies dazu **Gen 1,1-2,4a** und **Gen 2,4b-15** und notiere deine Beobachtungen in einer entsprechenden Tabelle in deinem Heft.

3 Was stellst du fest, wenn du die Eintragungen beider Tabellen vergleichst? Schreibe in dein Heft.

Der **Anfang der Welt** ist in der Bibel ein zentrales Thema – so beginnt das Erste Testament mit dem Satz: „Im Anfang schuf Gott Himmel und Erde." (Gen 1,1)
Bemerkenswert ist dabei, dass in der Bibel **zwei verschiedene Schöpfungstexte** Platz gefunden haben, die Unterschiede bis hin zu Widersprüchen aufweisen.

- *Erster Schöpfungstext: Gen 1,1-2,4a (→ ZdH 41-42 und 43)*
- *Zweiter Schöpfungstext: Gen 2,4b-3,24 (→ ZdH 41-42 und 44-46)*

1 Vergleiche mit Hilfe der Informationen im Buch den ersten und zweiten Schöpfungstext in der Bibel (Entstehung, Merkmale, Form, wichtige Inhalte usw.).

Erster Schöpfungstext: Gen 1,1-2,4a	Zweiter Schöpfungstext: Gen 2,4b-3,24

2 Zum Schluss eine Frage zum Nachdenken: Was könnte die jüdischen Schriftgelehrten bewogen haben, beide Schöpfungstexte trotz ihrer Unterschiede und Widersprüche in die Bibel aufzunehmen? Warum haben sie nicht nur einen Text ausgewählt?

Die Einleitung (**Präambel**) der Zehn Gebote (→ ZdH S. 58) ist kein bloßer Vorspann. Sie hat vielmehr eine entscheidende Bedeutung und gibt vergleichbar einem Vorzeichen vor einer Klammer in der Mathematik die Richtung an. Der einleitende Vers ist eine **feierliche Erklärung**: Bevor Gott seinem Volk Israel die Weisungen zu einem sinnvollen Leben gibt, stellt er sich als ihr **Befreier** vor. Von daher beansprucht er den Gehorsam gegenüber seinen Geboten.

„Ich bin der Herr, dein Gott, der dich aus dem Ägyptenland geführt hat, aus dem Haus der Knechtschaft."
aus dem Buch Exodus 20,2

1 Überlege, von wem aus deiner Familie, Verwandtschaft, Freundeskreis, Schule, (Sport)verein, Umgebung, Öffentlichkeit usw. du dir etwas sagen lässt. Trage die Personen in die Tabelle ein. Denke auch über die Bereiche, Inhalte und Gründe nach: In welchem Bereich lässt du dir von der entsprechenden Person was, warum sagen? Notiere Stichworte in die passenden Felder.

... von wem? (Person)	**... wo?** (Bereich)	**... was?** (Inhalt)	**... warum?** (Grund)

2 Vertausche nun in Gedanken die Personen bzw. die Bereiche in der Tabelle. Was beobachtest du?

3 Welche Gemeinsamkeiten / Unterschiede bestehen zwischen den Zehn Geboten und den von dir aufgeschriebenen Regeln und Geboten aus deinem Alltag?

Neben dem „Grundgesetz“ (GG) sind in Deutschland das „Bürgerliche Gesetzbuch“ (BGB) sowie das „Strafgesetzbuch“ (StGB) von großer Bedeutung. Sie möchten mit Hilfe Tausender Paragrafen dem **Schutz des Bürgers vor dem Bürger** dienen.

§ 1353 Bürgerliches Gesetzbuch – Eheliche Lebensgemeinschaft

(1) Die Ehe wird auf Lebenszeit geschlossen. Die Ehegatten sind einander zur ehelichen Lebensgemeinschaft verpflichtet; sie tragen füreinander Verantwortung.

§ 153 Strafgesetzbuch – Falsche uneidliche Aussage

(1) Wer vor Gericht oder vor einer anderen zur eidlichen Vernehmung von Zeugen oder Sachverständigen zuständigen Stelle als Zeuge oder Sachverständiger uneidlich falsch aussagt, wird mit Freiheitsstrafe von drei Monaten bis zu fünf Jahren bestraft.

§ 211 Strafgesetzbuch – Mord

(1) Der Mörder wird mit lebenslanger Freiheitsstrafe bestraft.

(2) Mörder ist, wer
- aus Mordlust, zur Befriedigung des Geschlechtstriebs, aus Habgier oder sonst aus niedrigen Beweggründen,
- heimtückisch oder grausam oder mit gemeingefährlichen Mitteln oder um eine andere Straftat zu ermöglichen oder zu verdecken, einen Menschen tötet.

§ 242 Strafgesetzbuch – Diebstahl

(1) Wer eine fremde bewegliche Sache einem anderen in der Absicht wegnimmt, die Sache sich oder einem Dritten rechtswidrig zuzueignen, wird mit Freiheitsstrafe bis zu fünf Jahren oder mit Geldstrafe bestraft.

(2) Der Versuch ist strafbar.

1 Vergleiche diese vier Gesetze aus dem BGB bzw. StGB mit den Zehn Geboten. Was stellst du fest?

2 Kannst du weitere Gemeinsamkeiten zwischen der deutschen Gesetzgebung und den Zehn Geboten finden?

3 In der alten Zeit war weitgehend das Prinzip der Vergeltung gültig, nach dem Motto „Auge um Auge, Zahn um Zahn“ (Ex 21,24). Wodurch unterscheidet sich dieses von den Zehn Geboten und dem heutigen Strafrecht?

Ein Kennzeichen unserer Gegenwart ist die Krise des Gottesglaubens.
Dabei stellen sich zwei Grundfragen:

1) Gibt es Gott überhaupt? **2) Wie ist Gott zu erfahren?**

Lisa aus Radevormwald (15 J.; Klasse 9b):

zu 1): Gibt es einen Gott? Das ist immer eine schwere Frage und wird es wohl auch immer bleiben. Man kann ihn nicht anfassen oder ihm direkt in die Augen blicken. Für mich ist Gott da! Es muss ihn geben, da er uns die Kraft gibt, das tägliche Leben / den täglichen Wahnsinn zu überstehen.
zu 2): Man kann Gott ganz einfach erfahren. Man muss nur mit offenen Augen durch die Welt gehen und sich die vielen kleinen Wunder ansehen. Genauso reicht es an einem Gottesdienst teilzunehmen, denn ich denke, dann ist er auch anwesend.

Justin aus Remscheid (16 J.; Klasse 10a):

zu 1): Ob Gott existiert, das muss jeder für sich selbst entscheiden. Man kann niemanden dazu zwingen, an Gott zu glauben. Es ist eine persönliche Entscheidung. Ich glaube (meistens) nicht an Gott!
zu 2): Gotteserfahrung ist Privatsache. Die Kirche hilft da nicht weiter. Ich denke, sie gibt ein ziemlich schlechtes Bild von Gott wieder. Warum kann man Gott nicht bei cooler Musik oder einem guten Film erfahren?

1 Die zwei abgedruckten Antworten stammen aus einer Schülerbefragung.
Nimm Stellung zu den Meinungen.

____

____

____

2 Formuliere eigene Antworten auf die zwei Grundfragen.

______________________ (J.; Klasse):

zu 1): ____

____

____

zu 2): ____

____

____

3 Diskutiert eure Antworten in 4er-Gruppen in der Klasse.

„Worauf du nun ... dein Herz hängest und verlässest, das ist eigentlich dein Gott."
Martin Luther (1483-1546), dt. Theologe und Reformator

„Das Geld ist der Gott unserer Zeit."
Heinrich Heine (1797-1856), dt. Dichter

Woran hängen Menschen ihr Herz? Worauf verlassen sie sich? Was ist ihnen wichtig und wofür nutzen sie den Großteil ihrer Lebenszeit? Viele Menschen müssten, wenn sie ehrlich zu sich sind, diese Fragen mit nur einem Wort beantworten: **Geld!** So besteht ohne Zweifel das Hauptziel des gesamten **Berufsleben**s darin, Geld zu verdienen. Doch auch in unserer **Freizeit** ist uns täglich unser liebes Geld wichtig, indem wir als Konsumenten beim Essen, Trinken, Telefonieren, Fernsehen und Einkaufen Geld ausgeben.

Krösus (595-547 vC), der letzte König der Lyder, war bereits in der Antike für seinen sagenhaften Reichtum bekannt. Seine Schätze verdankte er dabei vor allem dem natürlichen Rohstoffreichtum Kleinasiens, besonders dem im Bergbau gewonnenen Gold. Bis heute hat sich sein sprichwörtlicher Reichtum in der Redewendung bewahrt, reiche Menschen oder Gruppierungen als „Krösus" zu bezeichnen. So lautete zum Beispiel vor kurzem eine Überschrift im Sportteil einer Tageszeitung treffend: „Bayern München ist und bleibt der Krösus des Fußballs!"

Jo Krummacher
Krösus und Christus
Ein Dialog

geld	geld
regiert die welt.	macht schweigen.
gott auch.	ach gott!
geld	geld
hat man.	wäscht rein.
gott nie.	nein. gott!
geld	geld
stinkt nicht.	bringt zins.
o gott!	weiß gott.
geld	geld
versteckt sich.	führt krieg.
vor gott.	mit gott?
geld	geld
beruhigt.	ist hart.
gott nicht.	und gott?
geld:	geld
zeit ist geld.	klingt.
gott: noch!	mein Gott!

1 Spiele verschiedene Lesarten des Dialogs von Jo Krummacher durch (spaltenweise, zeilenweise, über Kreuz, in 3er-Päckchen usw.). Welche Lesart findet du am sinnigsten? Verdeutliche sie im Text.

2 Wo spricht bei deiner Lesart Krösus, wo Christus? Markiere mit verschiedenen Farben.

3 Woran hängst du dein Herz? Schreibe eine ehrliche Antwort auf diese Frage in dein Heft.

Szenario IV: Sinnhorizont des Lebens

„Hallo, Mister Gott, hier spricht Anna" ist der Titel eines spannenden Buches, dass ein irischer Mathematiker unter dem Künstlernamen „Fynn" im Jahr 1974 veröffentlicht hat. Das Buch ist seitdem fast 4 Millionen Mal verkauft worden. Es basiert auf einer wahren Geschichte, die von der 6-jährigen Anna und dem damals 19-jährigen Fynn handelt.
„Gott weniger verstehen" (→ ZdH S. 75) ist ein Auszug aus diesem Buch.

1 Was hältst du von **Annas Argumentation?** Verstehst du Gott mit zunehmendem Alter auch immer weniger? Begründe deine Antworten.

2 Versuche **Stationen deines Weges mit Gott** darzustellen – mit Worten, Skizzen, Symbolen oder wie du magst.

3 **„Und wumm, da lacht er [Gott] dich aus, weil du so blöd warst."**
Kennst du eine Situation in deinem Leben oder dem eines Verwandten oder Bekannten, über der dieser Satz als Überschrift stehen könnte? Schreibe die Begebenheit auf.

Warum lässt der gute Gott das Leiden zu?

Über diese Frage hat **schon vor 2.300 Jahren**, also etwa 300 Jahre vor der Geburt Jesu Christi, ein griechischer Philosoph mit Namen **Epikur** nachgedacht. Wenn ihr euch in seine Gedanken vertieft und eure eigenen Gedanken hinzunehmt, könnt ihr nach-denken, was er vor-gedacht hat.

Epikur (341–271 vC)

Epikur dachte, es gibt **vier Möglichkeiten**, diese Frage zu beantworten:

1) Gott will die Übel beseitigen und kann es nicht **oder** **2)** Gott kann die Übel beseitigen und will es nicht **oder** **3)** Gott kann die Übel nicht beseitigen und will es nicht **oder** **4)** Gott kann die Übel beseitigen und will es

1 Denke mit deiner Nachbarin / deinem Nachbarn über die vier Möglichkeiten nach und sucht für jede Möglichkeit verschiedene Satzvollendungen.

1. Wenn Gott nun die Übel beseitigen will und es nicht kann, dann ist er ...

____

____

____

2. Wenn Gott die Übel beseitigen kann und es nicht will, dann ist er ...

____

____

____

3. Wenn Gott die Übel nicht beseitigen will und es nicht kann, dann ist er ...

____

____

____

4. Wenn Gott die Übel aber beseitigen will und es kann, dann ...

____

____

____

2 Sprecht über die Möglichkeiten. Welche sagt euch am meisten zu? Welche stößt euch ab? Begründet eure Meinung.

____

____

____

3 Wie sehen Christen die vier Sätze des Epikurs?

____

____

____

Was wir von Jesus wissen – 12 Tatsachen

Was wissen wir gesichert von Jesus? Was lässt sich unabhängig vom christlichen Glauben über ihn sagen?

Trotz solcher Fragen kann niemand den großen Stellenwert der Person Jesu übersehen. Politik, Kunst, Kultur, Religion, Sprache uvm. sind maßgeblich von Jesus und dem Glauben an ihn geprägt. Gemessen an dieser Bedeutung ist unser **historisch gesichertes Wissen über den Mann aus Nazaret gering**. Die folgenden **12 Punkte** werden jedoch **in der heutigen Wissenschaft unumstritten als Tatsachen anerkannt**. Sie basieren auf gewissenhafter Studie der Zeitgeschichte und der historischen Quellen.

1. Jesus war Jude. Er stammte aus Nazaret in Galiläa. Dort wuchs er auch auf. Seine Muttersprache war Aramäisch.

2. Jesus wurde einige Jahre vor unserer Zeitrechnung geboren – vielleicht 4 vC. Er hatte Geschwister.

3. Seine Eltern hießen Maria und Josef. Josef war Zimmermann und ist womöglich früh verstorben; Jesus erlernte traditionsgemäß den Beruf seines Vaters. Die Familie gehörte der Mittelschicht an.

4. Jesus wurde in der jüdischen Tradition und im jüdischen Glauben erzogen, d.h. er wurde als Säugling beschnitten, in der Synagoge unterrichtet und nahm an den jüdischen Festen teil.

5. Mit ungefähr 30 Jahren ließ Jesus sich von einem Mann namens Johannes taufen. Johannes wirkte predigend und taufend im Jordangraben; er wählte aus symbolischen Gründen den Ort der Wüste, denn die Wüstenzeit des alten Israel galt als die Urzeit der Geschichte Israels.

6. Jesus ging danach seine eigenen Wege. Auch er begann zu predigen, blieb aber nicht in der Wüste, wie Johannes, rief also nicht die Leute zu sich heraus, sondern wanderte durch Palästina, vor allem durch Galiläa. Ein Zentrum seines Wirkens war die Gegend um den See Gennesaret.

Was predigte Jesus?
Er übernahm die beiden Hauptinhalte der Johannespredigt, seines „Taufvaters“: Notwendigkeit der Buße (Umkehr) und bevorstehendes Gericht Gottes. Aber Jesus spitzte dies weiter zu: 1. auf die Ankündigung eines mit dem Gericht zugleich kommenden Heils, 2. auf eine bestimmte Entscheidungsfunktion seiner eigenen Person für dieses Heil.
Kurz: „Jetzt kommt Gott!“ Beides ist wichtig: das „Jetzt“ (d.h. es bleibt keine Zeit mehr) und Gott „kommt“ (d.h. er waltet nicht mehr nur über die Menschen von ferne, sondern er ist aufgebrochen und „kommt“).

7. Jesu Wirken dauerte vermutlich nur ein Jahr.

8. Er war mit einer unbekannten Zahl von Schülern ohne festen Wohnsitz unterwegs. Historisch sicher ist, dass er bei seinem Tod eine Gruppe von Anhängern hatte.

9. Von Jesus ging eine große Wirkung aus. Er konnte Kranke heilen und erregte Aufsehen durch seinen Umgang mit Menschen, die verachtet waren oder nur sehr geringes Ansehen genossen.

10. Eines Tages zog er aus unbekannten Gründen nach Jerusalem (vielleicht auch nicht zum ersten Mal) und wurde verhaftet.

11. Der damalige römische Statthalter Pilatus verurteilte ihn aufgrund politischer Vorwürfe zum Tode.

12. An einem Freitag vor dem jüdischen Passah-Fest irgendwann um 30 nC herum wurde er von römischen Soldaten gekreuzigt.

1 Welche der 12 Tatsachen sind für dich erstaunlich, welche eher selbstverständlich? Begründe deine Wahl.

2 Einige weitverbreitete **Vorstellungen von Jesus** lauten etwa so:
- hilfsbedürftiges Kind in der Krippe
- leidender Schmerzensmann am Kreuz
- triumphierender Sieger über den Tod

(a) Finde weitere.

-
-
-

(b) Wie passen diese Vorstellungen zu den 12 Tatsachen?

3 Was für ein Bild von Jesus ergibt sich aus diesen Tatsachen? Vergleiche die 12 Punkte mit Jesusdarstellungen in diesem Kapitel (→ ZdH S. 98-99, 101, 110, 112-115). Wähle dazu zwei Bilder aus.

I) Maler: ________ **Titel:** ________ **Jahr:** ________

II) Maler: ________ **Titel:** ________ **Jahr:** ________

4 Haben die 12 Tatsachen eine Bedeutung für den / deinen Glauben an „Jesus Christus“? Begründe deine Antwort.

Menschwerdung Gottes

Seitdem sich die Menschheit mit den Fragen beschäftigt, wer Jesus ist, welches Wesen bzw. welche Natur er hat, zeichnen sich von der Tendenz **vier grundsätzliche Antwortvarianten** ab:

• Jesus hatte eine menschliche Natur; er war ganz und gar ein Mensch. (→ Mensch)	• Jesus hatte eine göttliche Natur; er war in allem ein Gott. (→ Gott)	• Jesus hatte zwar eine menschliche Natur, verfügte aber über göttliche Eigenschaften. (→ göttlicher Mensch)	• Jesus hatte eine göttliche Natur, war jedoch auch mit menschlichen Eigenschaften ausgestattet. (→ menschlicher Gott)

1 Diskutiere die vier grundsätzlichen Antwortvarianten: Welche zufriedenstellenden Antworten ergeben sich jeweils auf der einen Seite, welche Fragen bleiben aber andererseits offen, wenn du über

- die historische Person Jesus von Nazaret,
- die biblischen Überlieferungen zu Jesus (Heilungen, Totenauferweckungen, Wunder ...),
- den Glauben an Jesus Christus

nachdenkst?

- ______________________________
- ______________________________
- ______________________________

2 Zu welcher Antwortvariante tendierst du persönlich? Begründe deine Meinung.

____

Die Frage, ob Jesus von seiner Natur her Gott oder Mensch ist, beschäftigte die Kirche auch im Jahre 451 nC ...

Auf Wunsch von Papst Leo I. berief der damalige römische Kaiser 451 nC ein Konzil (Kirchenversammlung) nach ***Chalkedon*** *ein. Chalkedon liegt im Nordwesten der heutigen Türkei. Auf dem Konzil, an dem etwa 600 Bischöfe teilnahmen, wurde der Streit um den sogenannten „****Monophysitismus****" (Ein-Natur-Lehre) beraten. Diese damals verbreitete Lehre behauptet, dass Jesus Christus nur eine („mono") Natur („physis") besitzt. Nach Meinung der „Monophysiten" ist in Jesus Christus das Göttliche so vorherrschend, dass darin das Menschliche aufgeht. Jesus Christus ist damit nicht den Menschen, sondern nur Gott wesensgleich.*

Das Konzil tagte vom **8. Oktober bis Anfang November 451 nC** und legte schließlich fest:

„In der Nachfolge der heiligen Väter also lehren wir alle übereinstimmend, unseren Herrn Jesus Christus als ein und denselben Sohn zu bekennen: derselbe ist vollkommen in der Gottheit und derselbe ist vollkommen in der Menschheit; derselbe ist wahrhaft Gott und wahrhaft Mensch ...; derselbe ist der Gottheit nach dem Vater wesensgleich und der Menschheit nach uns wesensgleich, in allem uns gleich außer der Sünde; derselbe wurde einerseits der Gottheit nach vor den Zeiten aus dem Vater gezeugt, andererseits der Menschheit nach ... aus Maria, der Jungfrau ... geboren; ein und derselbe ist Christus, der einziggeborene Sohn und Herr, der in zwei Naturen unvermischt, unveränderlich, ungetrennt und unteilbar erkannt wird, wobei nirgends wegen der Einung der Unterschied der Naturen aufgehoben ist, vielmehr die Eigentümlichkeit jeder der beiden Naturen gewahrt bleibt und sich in einer Person ... vereinigt ... ."

3 Erläutere kurz mit eigenen Worten die Lehre des sogenannten „Monophysitismus“.

GOTT + MENSCH = JESUS

4 **(a)** Wie hat das Konzil die Streifrage um den „Monophysitismus“ entschieden?

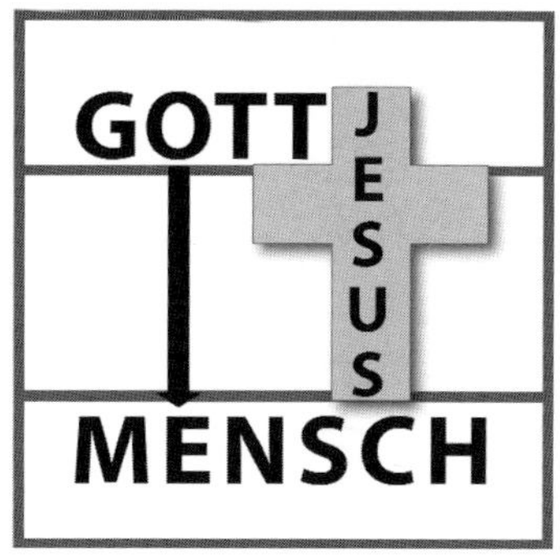

(b) Was sagt der Konzilstext über Jesus Christus aus? Über wie viele „Naturen“ verfügt er aus christlicher Sichtweise?

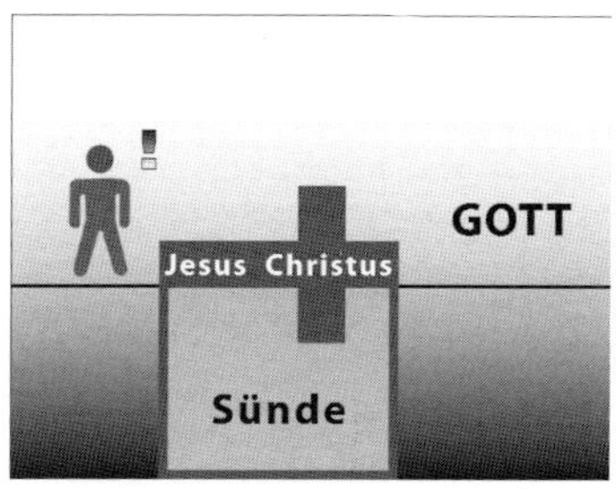

(c) Welche Feststellungen macht der Konzilstext über den historischen Jesus, also den Mann, der „Jesus von Nazaret“ hieß, um 4 nC geboren und ca. 30 nC gewaltsam gestorben ist?

(d) Wie sind die oben aufgeführten vier grundsätzlichen Antwortvarianten einzuordnen? Folgen sie der Entscheidung des Konzils?

5 Erläutere die Grafiken und Formeln auf dieser Seite, in dem du ihre Aussagen thesenartig zusammenfasst. Was hältst du von den einzelnen Definitionen? Finde ggf. auch eine eigene☐.

1 **Drei Seiten der Liebe:** Sex, Erotik, Nächstenliebe. Was unterscheidet sie, was verbindet sie? Trage entsprechende Stichwörter in die passenden Felder ein.

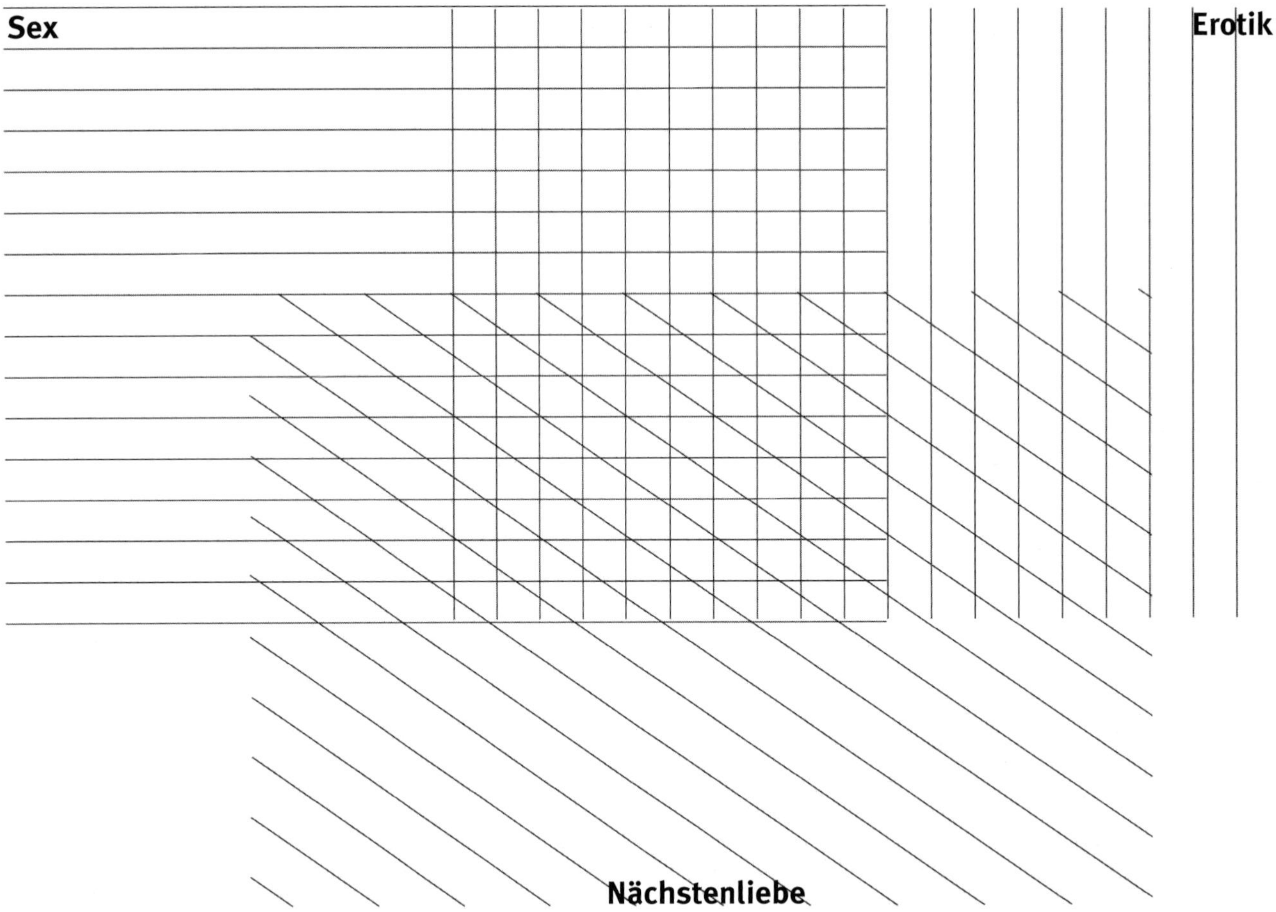

2 Ergänze jeden Buchstaben des Wortes Liebe mit Begriffen, die mit Liebe zu tun haben.

3 Schreibe eine Geschichte zu der Frage „Was ist LIEBE?“ in dein Heft. Berücksichtige dabei auch deine Antworten zu **(1)** und **(2)**.

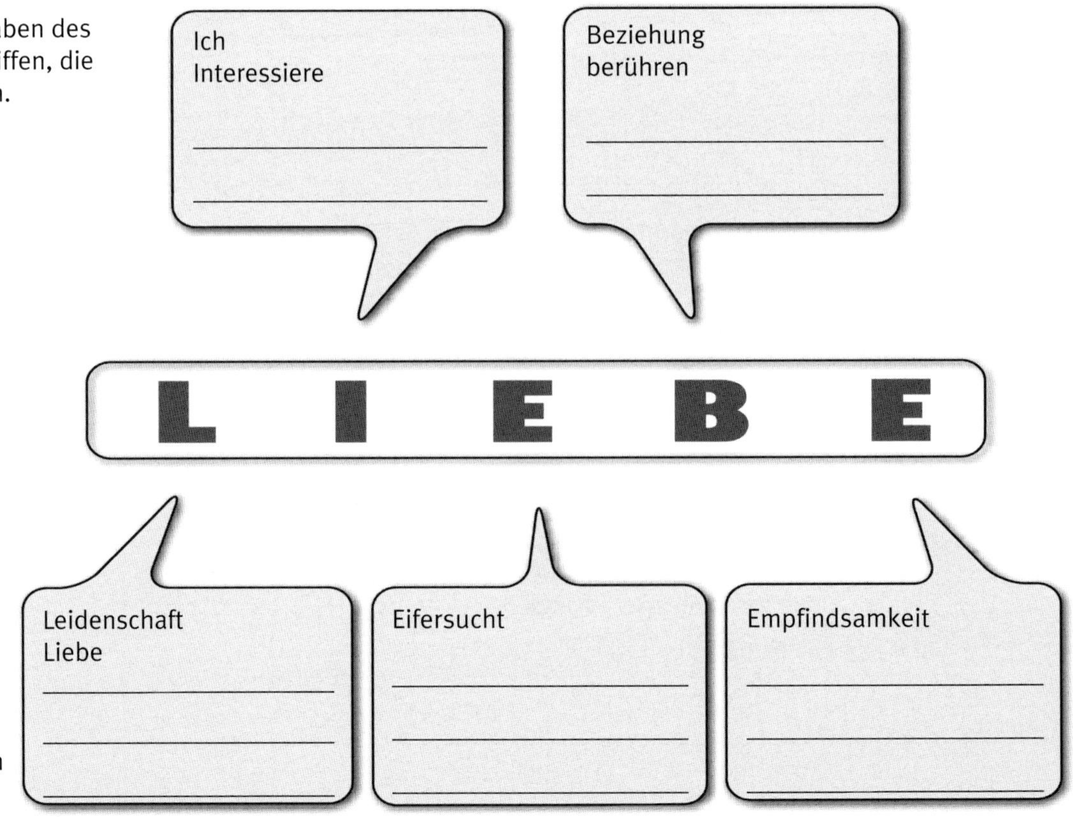

Von dem griechischen Philosophen **Platon** (427–347 vC) stammt ein interessanter **Mythos von der Entstehung der Liebe (→ ZdH S. 121)**.

1 Verwandle den Mythos in eine Bildergeschichte (mit fünf Bildern). Überlege dazu zunächst, welche fünf Szenen sich anbieten. Gib den einzelnen Bildern auch Überschriften.

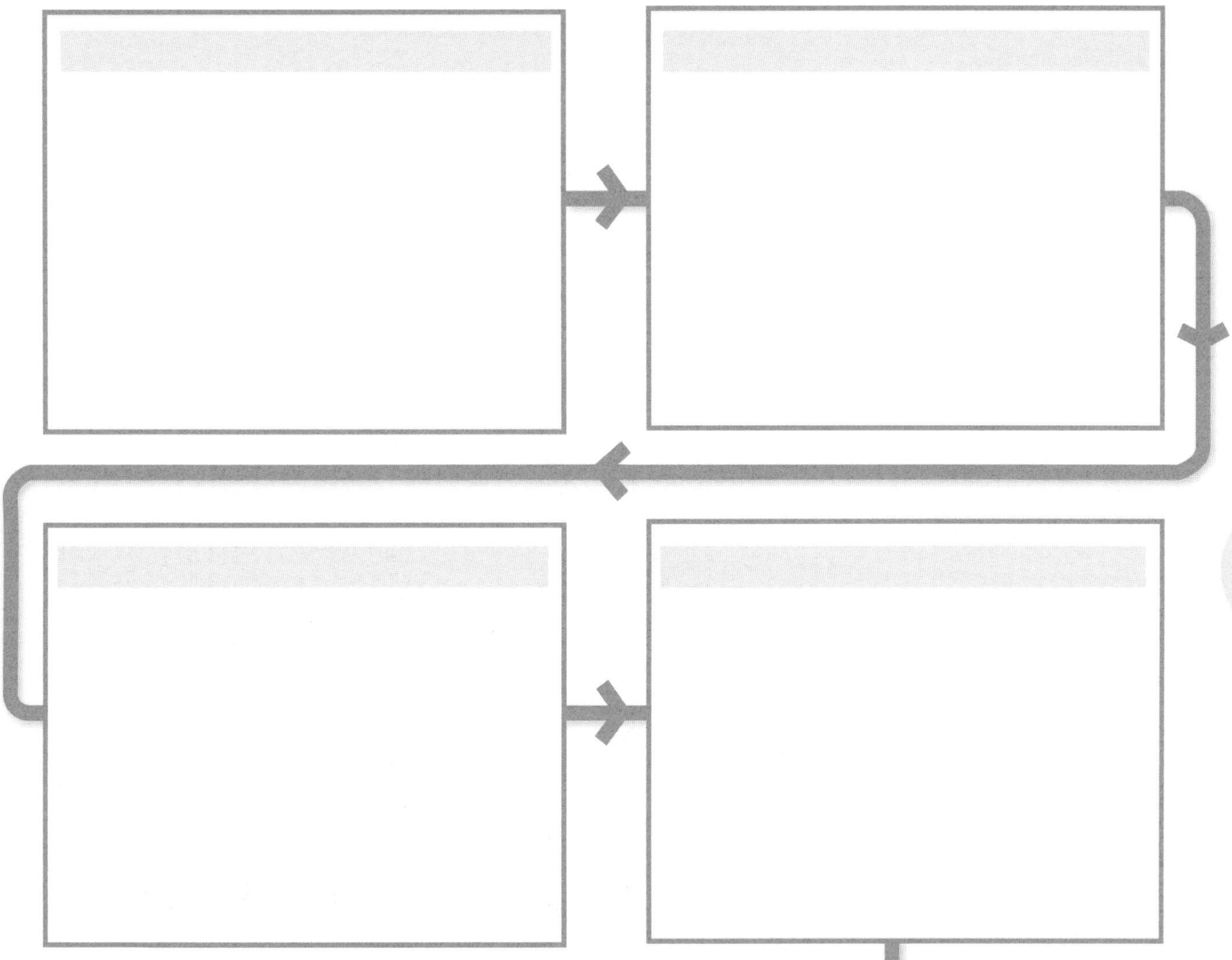

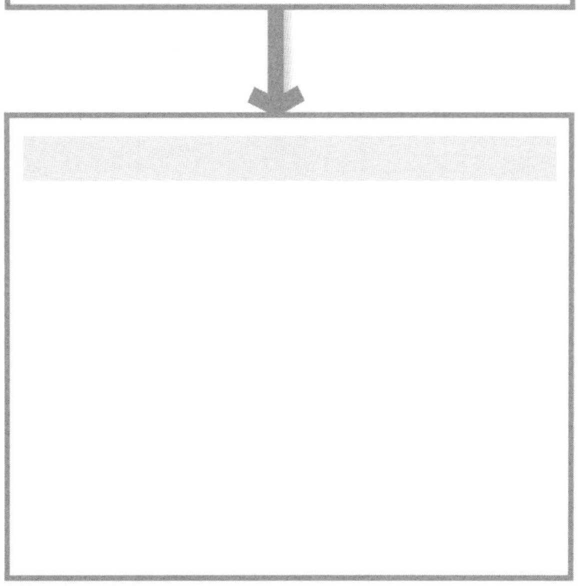

2 Bei der Erzählung von Platon handelt es sich um einen Mythos. Lies noch einmal die Hinweise zu „Mythen“ im Buch (→ ZdH S. 34) und in diesem Arbeitsheft (→ S. 20) nach.
Untersuche dann den „Mythos von der Entstehung der Liebe“ (→ ZdH S. 121) auf darin enthaltene Ätiologien. Welche Erfahrungen der Menschen sind in diesen Mythos eingegangen? Welche Erklärungen kann der Mythos für den „Ist-Zustand“ geben?
Fertige eine entsprechende Tabelle (→ vgl. Arbeitsheft S. 20, Aufgabe **1**) in deinem Heft an.

3 Wenn du in deinem eigenen Leben nachforschst – wie entsteht Liebe? Was fördert, was erschwert die Eigenschaft, andere Menschen lieben zu können. Schreibe deine Gedanken dazu in dein Heft.

Die besten Liebesgeschichten

Das Erste Testament (AT) erzählt von vielen Liebesbeziehungen, unter anderen von diesen vier:

1. Abraham und Sara
2. Jakob und Lea
3. Rut und Boas
4. Ester und Artaxerxes

Bildet **vier Gruppen** und entwerft **Lernplakate** zu diesen vier Liebesbeziehungen. Charakterisiert dabei zunächst die zwei entsprechenden Personen und anschließend ihre Beziehung.

Beispiel:

1. Abraham und Sara

Abraham
* Sohn von Terach (Gen 11,17)
*
...

Sara
* war unfruchtbar (Gen 11,30)
*
...

Abraham & Sara

* Abraham zu Sara: „Ich weiß, du bist eine schöne Frau" (Gen 12,11)
*
...

Benutzt als **Grundlage eurer Recherche Bibeln.** Im **Anhang** fast jeder **Bibelausgabe findet ihr dazu wichtige Namen und Begriffe** alphabetisch aufgelistet – häufig getrennt nach Altem und Neuen Testament. Über die zwei Namen eures Themas (z.B. „1. Abraham und Sara") stoßt ihr so auf wichtige (ggf. sehr umfangreiche) Bibelstellen. Wertet diese arbeitsteilig, gewissenhaft aus, diskutiert die Ergebnisse und erstellt zum Schluss euer Lernplakat.

Sanherib – 2 Kön 18f; 2 Chr 32; Tob 1,15.17; Sir 48,18; Jes 36f.
→ Sara (Frau Abrahams) – Gen 17,15–21; 18,6–15; 20,2.14.16.18; 21,1–12; 23,1f.19; 24,36.67; 25,10.12; 49,31; Jes 51,2; Röm 4,19; 9,9; Hebr 11,11; 1 Petr 3,6.
Sara (Frau des Tobias) – Tob 3,7.17; 6,11; 7,1.7.13.
Sardes – Apg 1,11; 3,1.4.
Sarepta – 1 Kön 17,9f; Obd 20; Lk 4,26.

Abner – 1 Sam 14,50f; 17,55; 20,25; 26,5–16; 2 Sam 2,8–4,12; 1 Kön 2,5.32; 1 Chr 26,28.
→ Abram/Abraham – Gen 11,26–25,11; 2 Chr 20,7; 1 Makk 2,52; 2 Makk 1,2; Ps 105,6.42; Weish 10,5; Sir 44,19–22; Jes 41,8; Röm 4,3–22; Gal 3,6–18; Hebr 11,8–17; Jak 2,21–23.
Abschalom – 2 Sam 3,3; 13,1–19,11; 20,6; 1 Kön 1,6; 2,28; 1 Chr 3,2; Ps 3,1.
Achaia – Apg 18,12.27; 19,21; Röm 15,26; 1 Kor 16,15; 2 Kor 1,1; 9,2; 11,10; 1 Thess 1,7f.
Achan – Jos 7,1–26; 22,20; 1 Chr 2,7.

In Europa neigen inzwischen vermehrt Menschen dazu, das Problem **Aids** dank guter und teurer Medikamente, die vor allem die Symptome der Infektionskrankheit erfolgreich unterdrücken können, für gelöst zu halten. Das ist ein großer Fehler. In der Tat leben von den **40 Millionen HIV-Infizierten weltweit** – das sind über 1% der Weltbevölkerung – nur 1,5 Millionen in den westlichen Industriestaaten (zum Vergleich: über 30 Millionen Infizierte leben in afrikanischen Ländern), doch darf nicht vergessen werden, das Aids eine **globale Katastrophe** ist. 20 Jahre, nachdem die ersten Aids-Fälle bekannt wurden, hat sich die Immunschwäche zur **schlimmsten Krankheit** entwickelt, **von der die Menschheit im 20. Jh. betroffen war**. Bis heute sind etwa **28 Millionen Menschen an Aids gestorben**.

In der Öffentlichkeit und den Medien in Deutschland wird das Thema vor allem durch die *mach's mit*-Kampagne in das Bewusstsein gerufen. *„macht's mit"* gibt es seit 1993 und ist eine Initiative der Bundeszentrale für gesundheitliche Aufklärung (BZgA). Laut Umfragen kennen inzwischen über 90% der deutschen Bevölkerung die großen Plakate mit den bunten Kondomen, die mit frechen Überschriften für den Schutz vor HIV und Aids durch Kondome werben.

1 Untersuche die auf dieser Seite abgedruckten Beispiele der **mach's mit-Kampagne:**

- Welche Personengruppen werden jeweils vorrangig angesprochen?
- Woran knüpfen die Plakate jeweils an?
- Was sagen die Plakate jeweils aus?

Bearbeite die Aufgabe tabellarisch in deinem Heft.

Motiv	Personengruppe	Anknüpfungspunkt	Aussage

2 Was hältst du von dieser Kampagne? Was meinst du: Sind Enthaltsamkeit und Treue Alternativen? Schreibe eine persönliche Stellungnahme in dein Heft.

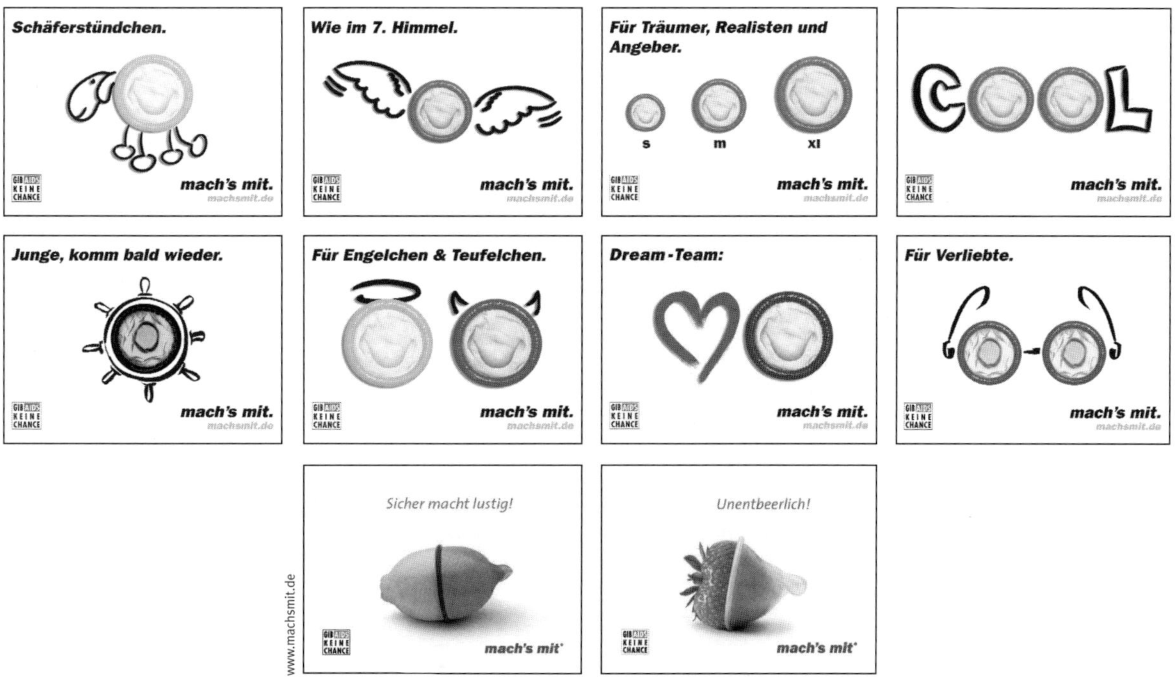

Die **Aufklärung** wollte die Menschen zur **Vernunft** bringen. Sie rief die Menschen dazu auf, sich ihres Verstandes zu bedienen. Die Vernunft – und nicht, wie es Jahrhunderte lang war, die Kirche – sollte von nun an die maßgebliche Autorität sein und über die wichtigen Fragen des Lebens entscheiden.
Eine **wichtige Frage des Lebens** ist z.B. die nach dem richtigen Glauben, der wahren Religion – was für ein Glaube leuchtet am meisten ein?
Der deutsche Schriftsteller Gotthold Ephraim **Lessing** (1729–1781; herausragender Vertreter der Aufklärung) gibt in seinem dramatischen Gedicht „Nathan der Weise" (1779), das ein Zeugnis der Humanität und Toleranz (→ ZdH S. 145-146) ist, eine Antwort auf diese Frage.

Im dritten Akt seines Dramas antwortet Nathan (ein reicher Jude in Jerusalem) dem Sultan Saladin (einem bedeutenden islamischen Machthaber) mit der sogenannten **„Ringparabel"** auf dessen Frage **„Was für ein Glaube hat dir am meisten eingeleuchtet?"**

Gotthold Ephraim Lessing (1729–1781), deutscher Schriftsteller

Saladin: Tritt näher, Jude! Näher! Nur ganz her! Nur ohne Furcht! Du nennst dich Nathan?
Nathan: Ja.
Saladin: Den weisen Nathan?
Nathan: Nein.
Saladin. Wohl nennst du dich nicht; nennt dich das Volk.
Nathan: Kann sein; das Volk!
Saladin: Da du nun so weise bist: so sage mir doch einmal. Was für ein Glaube hat dir am meisten eingeleuchtet?
Nathan: Sultan, ich bin ein Jude.
Saladin: Und ich ein Muselmann [Muslim]. Der Christ ist zwischen uns. Von diesen drei Religionen kann doch eine nur die wahre sein? Ein Mann, wie du, bleibt da nicht stehen, wo der Zufall der Geburt ihn hingeworfen: oder wenn er bleibt, bleibt er aus Einsicht, Gründen, Wahl des Bessern. Wohlan! So teile deine Einsicht mir dann mit. Damit ich sie zu meiner mache.
Nathan: Sultan, eh' ich mich dir ganz vertraue, erlaubst du wohl, dir ein Geschichtchen zu erzählen?
Saladin: Warum das nicht? Ich bin stets ein Freund gewesen von Geschichtchen, gut. Erzählt.
Nathan: Vor grauen Jahren lebt' ein Mann in Osten, der einen Ring von unschätzbarem Wert aus lieber Hand besaß. Der Stein war ein Opal, der hundert schöne Farben spielte, und hatte die geheime Kraft, vor Gott und Menschen angenehm zu machen, wer in dieser Zuversicht ihn trug. Was Wunder, dass ihn der Mann in Osten darum nie vom Finger ließ; und die Verfügung traf, auf ewig ihn bei seinem Hause zu erhalten? Nämlich so. Er ließ den Ring von seinen Söhnen dem geliebtesten. Und setzte fest, dass dieser wiederum den Ring von seinen Söhnen dem vermache, der ihm der liebste sei. Und stets der liebste, ohn' Ansehn der Geburt, in Kraft allein des Rings, das Haupt, der Fürst des Hauses werde.
So kam nun dieser Ring, von Sohn zu Sohn, auf einen Vater endlich von drei Söhnen, die alle drei ihm gleich gehorsam waren, die alle drei er folglich gleich zu lieben sich nicht entbrechen konnte. Es kam zum Sterben und der gute Vater kömmt in Verlegenheit. Es schmerzt ihn, zwei von seinen Söhnen, die sich auf sein Wort verlassen, so zu kränken. Was zu tun? Er sendet in geheim zu einem Künstler, bei dem er, nach dem Muster seines Ringes, zwei andere bestellt,

und weder Kosten noch Mühe sparen heißt, sie jenem gleich, vollkommen gleich zu machen. Das gelingt dem Künstler. Da er ihm die Ringe bringt, kann selbst der Vater seinen Musterring nicht unterscheiden. Froh und freudig ruft er seine Söhne, gibt jedem seinen Segen und seinen Ring und stirbt.
Was noch folgt, versteht sich ja von selbst. Kaum war der Vater tot, so kömmt ein jeder mit seinem Ring, und jeder will der Fürst des Hauses sein. Man untersucht, man zankt, man klagt. Umsonst – der rechte Ring war nicht erweislich.
Wie gesagt: die Söhne verklagten sich und jeder schwur dem Richter, unmittelbar aus seines Vaters Hand den Ring zu haben. Der Richter sprach: Ich höre ja, der rechte Ring besitzt die Wunderkraft beliebt zu machen, vor Gott und Menschen angenehm. Das muss entscheiden! Denn die falschen Ringe werden doch das nicht können! Nun, wen lieben zwei von Euch am meisten? Macht, sagt an! Ihr schweigt? Die Ringe wirken nur zurück? Und nicht nach außen? Jeder liebt sich selber nur am meisten? Oh, so seid ihr alle drei betrogene Betrüger! Eure Ringe sind alle drei nicht echt. Der echte Ring vermutlich ging verloren. Den Verlust zu bergen, zu ersetzen, ließ der Vater die drei für einen machen. Und also, fuhr der Richter fort, wenn ihr nicht meinen Rat, statt meines Spruches, wollt: Geht nur! Mein Rat ist aber der: ihr nehmt die Sache völlig wie sie liegt. Hat von euch jeder seinen Ring von seinem Vater, so glaube jeder sicher seinen Ring den echten. Möglich, dass der Vater nur die Tyrannei des einen Rings nicht länger in seinem Hause dulden wollen! Und gewiss, dass er euch alle drei geliebt, und gleich geliebt: indem er zwei nicht drücken mögen, um einen zu begünstigen. Wohlan! Es eifre jeder seiner unbestochnen von Vorurteilen freien Liebe nach! Es strebe von euch jeder um die Wette, die Kraft des Steins in seinem Ring' an Tag zu legen! Komme dieser Kraft mit Sanftmut, mit herzlicher Verträglichkeit, mit Wohltun, mit innigster Ergebenheit in Gott zu Hilf'! Und wenn sich dann der Steine Kräfte bei euern Kindes-Kindeskindern äußern, so lad' ich über tausend tausend Jahre sie wiederum vor diesen Stuhl. Da wird ein weisrer Mann auf diesem Stuhle sitzen als ich; und sprechen.

1 Lies den Auszug aus dem dramatischen Gedicht „Nathan der Weise" zusammen mit deiner Nachbarin / deinem Nachbarn mit verteilten Rollen. Überlegt dann gemeinsam, was Nathans Ringparabel aussagen will. Beantwortet schließlich die <u>Ausgangsfrage</u> des Sultans mit eigenen Worten im Sinne der Ringparabel.

2 Inwieweit kann man Lessings Ringparabel als ein „bedeutsames Dokument der Aufklärung" bezeichnen?

Tipp: Einige Lösungsideen zu Aufgabe **1** *und* **2** *findest du in diesem Lösungskasten verschlüsselt – kannst du das Geschriebene entziffern?*

LESSING KRITISIERT UNMISSVERSTÄNDLICH
DEN ANSPRUCH DER DREI GROSSEN MONO-
THEISTISCHEN WELTRELIGIONEN (JUDENTUM,
CHRISTENTUM, ISLAM), JEWEILS DEN EINZIGEN
SCHLÜSSEL ZUM HEIL IN HÄNDEN ZU HALTEN.
SEIN AUFRUF LAUTET, TOLERANZ FÜR ALLE
ANDERE MENSCHEN AUFZUBRINGEN, DA SIE
IHRE RELIGION VON IHREN VORFAHREN
GEERBT HABEN OHNE DABEI JEWEILS EINE
BEWUSSTE EIGENE ENTSCHEIDUNG GETROF-
FEN ZU HABEN. MIT DIESER AUFFORDERUNG
ZU HUMANITÄT UND TOLERANZ IN DER
RINGPARABEL UNTERMAUERT LESSING DEN
ANSPRUCH SEINES DRAMAS, ZU DEN BEDEUT-
SAMSTEN WERKEN DER AUFKLÄRUNG ZU ZÄH-
LEN

3 Die Aussage der Ringparabel lässt sich auch allgemeiner fassen, indem man die Ausgangsfrage des Sultans verallgemeinert: „Was ist Wahrheit?“

(a) Was sagt die Ringparabel zu dieser Frage? Fasse zusammen.

(b) „Was ist Wahrheit?“ – wie würdest du persönlich die Frage beantworten? Versuche deine Sicht auch in Form einer „Parabel“ (also einem zu einer Erzählung ausgeweiteten Gleichnis) darzulegen.

Was ist Wahrheit?

4 Natürlich gibt es noch viele weitere wichtige Fragen des Lebens.

(a) Finde solche und notiere sie auf dem Notizblock.

(b) Stellt euch in der Klasse gegenseitig eure wichtigen Fragen des Lebens vor

- und nehmt aus eurer persönlichen Sicht dazu Stellung
- und überlegt, wie die kirchliche Meinung dazu aussehen könnte
- und bedenkt, wie die Vernunft diese Fragen beantworten würde.

Was fällt euch auf?

Auf dem Weg in die moderne Welt ZdH S. 142-146

Bearbeite die acht Aufgaben zu den Texten (→ ZdH S. 147-150).

1 Erläutere den Begriff **„Industrielle Revolution“**?

2 Welche **positiven Neuerungen,** aber auch welche **Schattenseiten** erbrachte die„Industrielle Revolution“?

3 Was versteht man unter der **„sozialen Frage“**?

4 Warum war die soziale Frage eine **Bewährungsprobe für das Christentum**?

5 Was fasst man unter dem Begriff **„Sozialer Katholizismus“** zusammen?

6 Stelle eine **Person** vor, die sich im 19. Jh. in Deutschland für die Verbesserung des sozialen Lebens eingesetzt hat.

7 Welcher Zusammenhang besteht zwischen der sozialen Frage im 19. Jh. und der **Stellung der Laien** in der katholischen Kirche?

8 Was hat **dich** bei der Lektüre des Kapitels „Die soziale Frage“ (→ ZdH S. 147-150) **besonders bewegt**?

Neue Originalität

Im Lehrbuch findest du unter der Überschrift **„Kreuzbilder der Moderne"** (→ ZdH S. 174-175) acht Bilder verschiedener Künstler, die zwischen 1951 und 2001 entstanden sind und das Kreuz zum Thema haben.

1 Betrachte in Ruhe die acht Bilder und fülle nach und nach die Tabelle aus.

			Das gefällt mir / das verstehe ich an dem Bild ...	**Das** stößt mich ab / das verstehe ich an dem Bild nicht ...
1		Joseph Beuys (1921-1986) Kreuzigung 1962-1963		
2	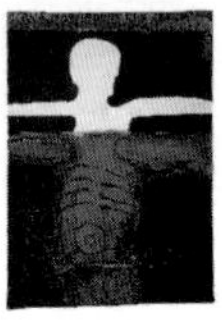	Herbert Falken (geb. 1932) Unvollendetes Doppelkreuz 1960		
3		Jannis Kounellis (geb. 1936) Knopfkreuz 2001		
4		Frans Masereel (1889-1972) „Es war einmal!" 1954		
5		Wolfgang Mattheuer (geb. 1927) Ein Mensch – Ecce homo 1979		
6		Salvador Dalí (1904-1989) Christus des hl. Johannes vom Kreuz 1951		
7	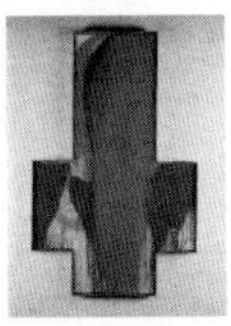	Arnulf Rainer (geb 1929) Peterskreuz II 1990		
8		Klaus Staeck (geb. 1938) Plakat unter Verwendung eines alten Gemäldes 1994		

2 Bildet in der Klasse 4er-Gruppen und tauscht euch über die acht Bilder und eure Gedanken dazu aus (→ **1**).

3 Einigt euch in der Gruppe auf ein Bild, mit dem ihr euch näher beschäftigen wollt. Achtet dabei darauf, das in der Klasse möglichst jede Gruppe ein anderes Bild zum Thema nimmt.

Das würde ich, wenn ich könnte, den Künstler gerne zu seinem Bild fragen ...	**Das** ist in meinen Augen eine oder die Aussage des Bildes ...

4 Erarbeitet in der Gruppe nun ein Lernplakat zu eurem Bild, das sich an den fünf „Fragen an ein Bild" (→ ZdH S. 165) orientiert.

Informationen zu den einzelnen Künstlern und zum Teil auch zu ihren Bildern findet ihr im Internet.

⇩

www.dhm.de/lemo/html/biografien/BeuysJoseph (bzw. .../MattheurWolfgang)

www.kolumba.de

www.schevenhuette.com/ScheveGen/PS15/PS15_092.htm

www.janniskounellisinberlin.org

www.klasse-kounellis.de/koun/kounellis.html

www.frans-masereel.de

www.salvadordalimuseum.org

www.kettererkunst.de (→ Biografien)

www.staeck.de

www.bonner-kunstverein.de

www.21web.de

www.g26.ch/biografie.html

www.kunstmarkt.com

⇧

Im Kreuzfeuer der Kritik

Die Kirche steht im Kreuzfeuer der Kritik. Sie gilt bei vielen Menschen heute als veraltet, unzeitgemäß (-> ZdH S. 176) und unglaubwürdig (→ ZdH S. 178).
Wie müsste sich die Kirche aber ändern, um für möglichst viele wieder zeitgemäß und glaubwürdig dazustehen? **Muss sie zur „Service-Kirche“ werden?** Und wenn ja, zu welcher?

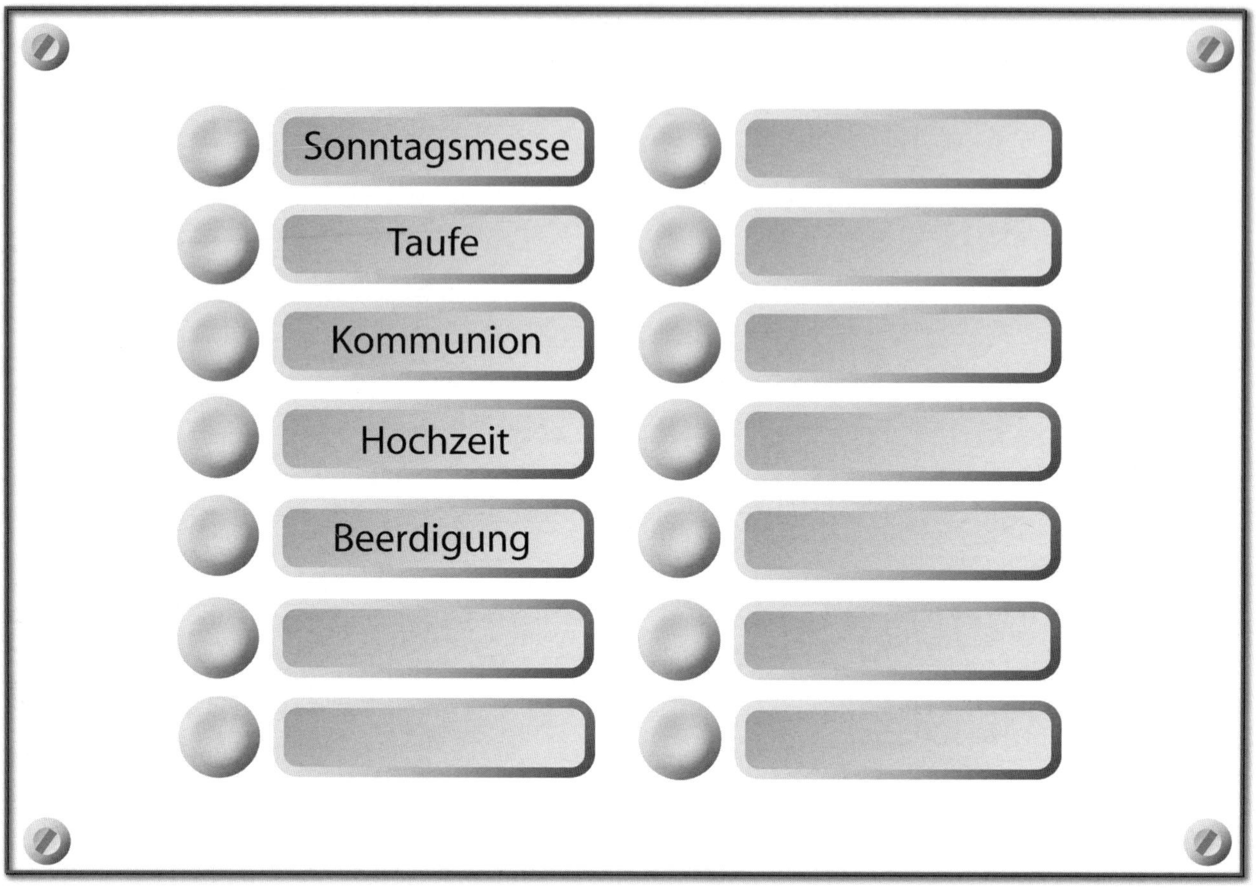

1 Überlege, welchen „Service“ die Kirche unbedingt anbieten müsste, um ihre Zeitgemäßheit und Glaubwürdigkeit zurückzugewinnen. Ergänze die fünf vor gegebenen Klingelschilder, indem du die leeren beschriftest. Einige Vorschläge findest du auch im Lehrbuch (→ ZdH S. 178 unten).

2 Gewichte die 14 kirchlichen „Dienstleistungen“, indem du ein Ranking erstellst. Trage dazu die Zahlen 1 bis 14 in die Klingelknöpfe („ “) ein – dabei soll die „1“ für den wichtigsten und die „14“ für den unwichtigsten „Service“ stehen.

3 Welche Konsequenzen müsste die Kirche aus deinem Ranking ziehen?

- ? Müsste sie statt einer „Komm’-Kirche“ (also einer Kirche, zu der die Menschen meist hinkommen; z.B. Gottesdienst) zu einer „Geh’-Kirche“ (also einer Kirche, die zu den Menschen hingeht; z.B. Krankenbesuche) werden?
- ? Müsste sie mit Blick auf morgen zu einer „Jugend-Kirche“ werden?
- ? Müsste sie ...

Schreibe in dein Heft.

4 Zur Ausgangsfrage: Muss die Kirche deiner Meinung nach zu einer „Service-Kirche“ werden? Wenn nein, warum nicht? Wenn ja, inwieweit? Formuliere ein Fazit in deinem Heft.

5 Tragt zum Schluss in der Klasse die erst-, zweit- und drittplatzierten „Dienstleistungen“ eurer Rankings zusammen und sprecht über die Häufigkeit bzw. Streuung der Ergebnisse. Tauscht euch auch über die von euch gezogenen Konsequenzen sowie eure Fazits aus.
Vielleicht möchtet ihr eure Rankings bzw. Schlussfazits eurem Pfarrer vor Ort zeigen.

Vor allem in den vergangenen 100 Jahren ist die katholische Kirche von einer West- zu einer Weltkirche geworden. Während um 1900 noch knapp zwei Drittel aller Katholiken in Europa lebten, ist dieser Anteil um 2000 fast auf ein Viertel zusammengeschrumpft. Das hängt auch damit zusammen, dass besonders in **Lateinamerika** die Zahl der Katholiken in den letzten Jahrzehnten extrem gestiegen ist (→ ZdH S. 179). **Findet sich in der Kirche Lateinamerikas** mit ihrem großen Engagement für die Armen (→ ZdH S. 181) **die Kirche von morgen?** Eine bedeutende Gestalt der lateinamerikanischen Kirche ist der 1980 ermordete Erzbischof von San Salvador, **Oscar Romero.**

„Mich könnt ihr töten, aber nicht die Stimme der Gerechtigkeit"

Oscar Arnulfo Romero wurde am 15. August 1917 in einem salvadorianischen Gebirgsstädtchen nahe der Grenze zu Honduras geboren. Als Sohn eines Fernmeldearbeiters wuchs er in bescheidenen Familienverhältnissen auf. Er arbeitete zunächst als Schreinerlehrling in seinem Geburtsort und trat mit 13 Jahren in ein Internat ein. 1937 nahm er sein Theologiestudium am Priesterseminar in San Salvador auf und setzte es später in Rom fort, wo er 1942 zum Priester geweiht wurde. Ein Jahr später begann Oscar Romero den kirchlichen Dienst in seiner Heimat. Er wurde 1970 zum Weihbischof und 1977 zum **Erzbischof von San Salvador** berufen.

Die Militärregierung von El Salvador ging wohl davon aus, dass der schüchtern und konservativ wirkende Romero als Freund der Reichen wenig Schwierigkeiten bereiten würde. Aber schon wenige Wochen nach seinem Amtsantritt geriet der Erzbischof in Konflikt mit den Behörden. Die Polizei löste eine friedliche Demonstration gegen den Wahlbetrug während der Präsidentschaftswahlen von 1977 brutal auf, indem sie in die Menschenmenge feuerte, um die Demonstranten auseinander zu treiben. Viele fanden den Tod. Der Erzbischof **protestierte heftig**. Kurze Zeit später wurde ein enger Freund Romeros, ein Ordensmann, der unter den Ärmsten der Armen arbeitete, ermordet. Diese Tat verwandelte Romero. Er begann sich verstärkt gegen jegliche Gewaltanwendung auszusprechen – sei es gegen Gewalt von Seiten der Regierung oder von oppositionellen Gruppen. Auch **griff** er **direkt die Regierung** wegen ihrer brutalen Unterdrückung der Landarbeiter in El Salvador **an**.

Romero wurde so zu einer zentralen Gestalt. Seine **Sonntagspredigten** übertrug allwöchentlich der katholische Rundfunk in das ganze Land, zuletzt am 23. März 1980, und es gab scheinbar kein Haus, dessen Bewohner nicht ihr Radio einschalteten. Einen Tag später, am 24. März 1980 wurde Romero **während einer Messfeier** in der Kapelle eines Krebshospitals, in dem er lebte, am Altar **erschossen**. Es war ein **politischer Mord**. Die Auftraggeber wollten eine Stimme zum Schweigen bringen, die immer deutlicher für die vielen Armen des Landes gegenüber der reichen Oberschicht Partei ergriffen hatte. Obwohl – wie später nachgewiesen werden konnte – es offensichtlich ist, dass ein damaliger Major den Befehl zur Ermordung des Erzbischofs gegeben hat und Mitglieder des staatlichen Sicherheitsdienstes den Mord organisiert haben, wurde bis heute niemand vor Gericht gestellt.

Oscar Romero (1917–1980), Erzbischof von San Salvador

- „Der Tod und das Blut zerreißen Gottes Herz."
- „Es ist meine Aufgabe [als Bischof], Gewalttätigkeiten festzuhalten und Leichen aufzusammeln."
- „Das einfache Volk ist für mich ein Prophet."
- „Kein Soldat ist verpflichtet, einem Befehl zu gehorchen, der wider das Gesetz Gottes gerichtet ist."
- „Die Kirche ist nicht das Reich Gottes."
- „Der Gott der Christen darf kein anderer sein als der Gott jenes Jesus Christus, der sich mit den Armen identifizierte und sein Leben für die anderen dahingab."
- „Bevor wir Christen sein können, müssen wir sehr menschliche Menschen sein."
- „Wer sind die Götzen unserer Zeit: Das Geld, die Macht, Überheblichkeit und Egomanie."

1 Wähle drei Zitate von Oscar Romero aus und kommentiere sie.

- ____________________
- ____________________
- ____________________

2 Romero hat einmal in einer seiner Predigten gesagt: „Jeder Mensch, der sich für Gerechtigkeit einsetzt, jeder Mensch, der nach Gerechtigkeit in einer ungerechten Umgebung ruft, arbeitet zugunsten des Reiches Gottes, selbst wenn er kein Christ ist." Nimm Stellung.

____

3 Welche Gegner hatte Jesus? Welche Anhänger? Gibt der Fall „Romero" Antworten auf diese Fragen?

____

4 Wie liest du die Seligpreisung „Selig, die um der Gerechtigkeit willen verfolgt werden; denn ihnen gehört das Himmelreich" (Mt 5,10) angesichts des Schicksals Romeros?

____

In der Bibel wird unmittelbar nach den Schöpfungsgeschichten von einem Mord erzählt: **Kain**, der ältere Sohn von Adam und Eva, ermordet seinen Bruder **Abel**. Eine auf den ersten Blick brutale, sinnlose Geschichte. Wie ist sie aber zu deuten und was kann sie uns heute sagen?

1 Lies die biblische Geschichte von „Kain und Abel" im Lehrbuch nach (→ ZdH S. 204) und finde für die Erzählung eine in deinen Augen passende **Überschrift**. Gib auch eine Begründung an.

2 **(a)** Beschäftige dich mit der **Deutung** der „Kain und Abel"-Erzählung. Fasse dazu wichtige Aussagen des Textes „Zur Deutung der alten Erzählung" (→ ZdH S. 205) thesenartig zusammen.

(b) Wie denkst du nach der Beschäftigung mit den Deutungshinweisen über deine Überschrift (→ **1**)?

3 Verfasse nun eine **moderne Version** der „Kain und Abel"-Geschichte. Denke dir dazu passende Berufe / Lebenssituationen für die beiden Brüder aus, die in die heutige Zeit passen.

4 Stelle deine Geschichte deiner Nachbarin / deinem Nachbarn vor und einigt euch auf eine, die ihr zusammen als Grundlage für einen **biblischen Krimi** benutzen wollt.
Schreibt die Geschichte in ein **Drehbuch** um. Beachtet dabei, dass es in einem Drehbuch nur Dialoge und Regieanweisungen gibt. Die Regieanweisungen erläutern, in welcher Umgebung eine Szene spielt und wie sich die Schauspieler verhalten.

5 Inszeniert eure Krimis in der Klasse, indem ihr sie mit verteilten Rollen aufführt und überlegt abschließend, was die Geschichte von „Kain und Abel" uns heute sagen kann.

Eigentum – Rechte und Pflichten (I)

1 Mut- und Geschicklichkeitsproben müssen vermehrt als Motiv bei Jugendlichen für Diebstähle angesehen werden. (→ ZdH S. 225 oben)

2 Versicherungsbetrug, Steuerhinterziehung und Spesenbelegfälschungen sind zum Volkssport geworden. (→ Zeitungsüberschrift)

3 Eigentum verpflichtet. Sein Gebrauch soll zugleich dem Wohle der Allgemeinheit dienen. (→ Grundgesetz Artikel 14,1)

4 Deine Armut kotzt mich an! (→ Autoaufkleber)

5 In Deutschland verhungert so schnell niemand. (→ Helga K., 73 Jahre)

6 Du sollst nicht stehlen. (→ Ex 20, 15)

7 Ehrlich währt am längsten. (→ Sprichwort)

8 Der Teufel scheißt immer auf den größten Haufen. (→ Redewendung)

9 Die Hartz-IV-Empfänger lachen sich doch ins Fäustchen. (→ Frank U., 42 Jahre)

10 Mundraub (→ Notdiebstahl bei Hunger)

11 Stehlen? – Das tun doch alle. (→ ZdH S. 224 unten)

12 Was ist schon das Ausrauben einer Bank gegen die Gründung einer Bank? (→ Bertolt Brecht, dt. Schriftsteller, 1898–1956)

13 Wer eine fremde bewegliche Sache einem anderen in der Absicht wegnimmt, die Sache sich oder einem Dritten rechtswidrig zuzueignen, wird mit Freiheitsstrafe bis zu fünf Jahren oder mit Geldstrafe bestraft. Der Versuch ist strafbar. (Strafgesetzbuch § 242, Abs. 1-2)

14 Was die einen zu viel haben, haben die anderen zu wenig. (→ Redewendung)

1 Wie stehst du zu diesen Äußerungen? Schreibe deine persönliche Meinung in Form eines kurzen Kommentars in die Karteikarten.

2 Mit dem Eigentum sind Rechte und Pflichten verbunden. Eigentum ist, will man es philosophisch ausdrücken, „ein individuelles Recht mit sozialer Bindung“ (→ ZdH S. 225).
Erläutere mit eigenen Worten diese **zwei Dimensionen des Eigentums**.

Eigentum ist ein **individuelles Recht** (→ ZdH S. 225),

denn ______________________________

____

Eigentum hat eine **soziale Bindung** (→ ZdH S. 226),

denn ______________________________

____

3 Denke nun noch einmal über die 14 Äußerungen nach.
(a) In welchen Äußerungen findest du hauptsächlich **nur die Dimension des individuellen Rechts betont**?

____

____

____

____

(b) In welchen Äußerungen findest du hingegen **beide Dimensionen** des Eigentums wieder?

____

____

____

____

(c) Wie stehst du persönlich zu den in **(a)** und **(b)** aufgelisteten Äußerungen?
Vergleiche auch mit deinen Kommentaren aus **1**.

____

____

____

____

Auf die Frage, **was Jesus zum 7. Gebot „Du sollst nicht stehlen" sagt,** antwortet der evangelische Theologe Jörg Zink:

Jörg Zink, dt. evangelischer Theologe, Pfarrer und Publizist, geb. 1922

Ich horche auf seine Stimme – und höre gar nichts. Sendepause. Keinen Ton sagt Jesus über den Schutz des Eigentums. Als einer von ihm verlangt, er solle ihm zu seinem Erbe verhelfen, lässt Jesus ihn abfahren: Nimm dir doch einen Rechtsanwalt! Das Eigentum gehört für Jesus ganz offensichtlich zu den drittrangigen Dingen. Wichtig an ihm ist lediglich, dass es immer zu denen kommt, die es am dringendsten brauchen. Für Jesus ist die Umverteilung des Eigentums wichtiger als seine Bewahrung. Eigentum dient, wo es gut ist, dem Wohl der Gemeinschaft.
Er sagt: Häufe keinen Reichtum auf in deinem Leben. „Wo dein Schatz ist, da wird dein Herz sein" (Mt 5,19-21). „Du kannst nicht Gott und dem Geist des Geldes zugleich dienen" (Mt 5,24). Und bedenke: Leichter bestiehlt ein Reicher den Armen, wenn er ihn ausbeutet, als ein Armer einen Reichen.[1] Wenn du mir nachfolgen willst, dann wirst du die freiwillige Armut wählen. Willst du das in dieser Form nicht, dann wähle dein Eigentum als Werkzeug deiner Güte... Weitergeben und umverteilen, weltweit, ist schon heute eine der Hauptaufgaben der Menschheit.[2] Ein Wirtschaftssystem, das dies verhindert, kann sich nicht auf das Christentum berufen. Ich weiß zwar, dass nichts sich bewegt, wenn ich das sage, und dass die Wirtschaft längst ihre eigenen „Gesetze" hat, für die ein christlicher Anschein nicht gebraucht wird. Dennoch: Jesus sagt: Du wirst nicht ärmer, wenn du an der Umverteilung der Güter dieser Erde mitwirkst.[3] In der Tatsache aber, dass in den alten Geboten vier vom Schutz des Eigentums handeln, spiegelt sich die völlig überproportionierte Wichtigkeit, die das Eigentumsdelikt in unserem Strafrecht hat. Ein Mensch kann ein Leben lang seine Mitarbeiter schikanieren. Er kann mit dem Gift aus seinem Schlot Tausende von Menschen krank machen... Das macht ihn nicht kriminell. Kriminell wird er aber sofort, wenn er hundert Mark aus der Kasse nimmt. Das Eigentum rangiert bei uns ungleich höher als die Würde und Unverletzlichkeit des Menschen.[4]...
Und ich habe den Eindruck, wenn wir nicht völlig andere Normen für den Umgang mit dem Eigentum finden, können wir das ganze restliche Christentum in unserem Land verschenken. ...

1 Wie denkst du über die vier markierten Thesen?

zu 1 ____

zu 2 ____

zu 3 ____

zu 4 ____

2 Warum hat das Eigentum einen so hohen Stellenwert in unserer Gesellschaft?

3 Wie steht es um dich? Welche Bedeutung hat „Eigentum" in deinem eigenen Leben?